Oraciones *para* la victoria *en* tu matrimonio

Libros de Tony Evans publicados por Portavoz:

Oraciones _para_ la victoria _en_ tu matrimonio

TONY EVANS

EDITORIAL
PORTAVOZ

La misión de *Editorial Portavoz* consiste en proporcionar productos de calidad
—con integridad y excelencia—, desde una perspectiva bíblica y confiable, que
animen a las personas a conocer y servir a Jesucristo.

Título del original: *Prayers for Victory in Your Marriage,* © 2017 por Tony Evans y
publicado por Harvest House Publishers, Eugene, Oregon 97402. Traducido con
permiso.

Edición en castellano: *Oraciones para la victoria en tu matrimonio,* © 2018 por
Editorial Portavoz, filial de Kregel Inc., Grand Rapids, Michigan 49505. Todos los
derechos reservados.

Traducción: Rosa Pugliese

EDITORIAL PORTAVOZ
2450 Oak Industrial Drive NE
Grand Rapids, Michigan 49505 USA
Visítenos en: www.portavoz.com

ISBN 978-0-8254-5795-1 (rústica)
ISBN 978-0-8254-6710-3 (Kindle)
ISBN 978-0-8254-7530-6 (epub)

1 2 3 4 5 edición / año 27 26 25 24 23 22 21 20 19 18

Impreso en los Estados Unidos de América
Printed in the United States of America

CONTENIDO

*Mas gracias sean dadas a Dios, que nos da la victoria
por medio de nuestro Señor Jesucristo.*

1 Corintios 15:57

INTRODUCCIÓN

Si eres cristiano, y casado, estás en medio de una batalla, seas o no seas consciente de ello. La guerra es por la destrucción de la unidad, la pérdida del amor y, finalmente, el fracaso de tu matrimonio. El matrimonio es un pacto fundacional que Dios creó, mediante el cual manifiesta su presencia y poder de una manera única. Matrimonios fuertes redundarán en familias fuertes. Familias fuertes levantarán una futura generación fuerte. No hay nada que le guste más a Satanás que repetir lo que hizo en el huerto de Edén y destruir la unidad familiar mediante la incitación a la culpa y el debilitamiento de la confianza y el respeto. Todos sabemos que esto condujo a la expulsión de Adán y Eva del huerto y, más adelante, al asesinato de uno de sus hijos por el otro hermano.

Decir que en el hogar se está librando una guerra espiritual es un eufemismo. El hogar, particularmente el matrimonio, es un caldo de cultivo para las tácticas y las técnicas de Satanás. Quienquiera que posea la familia posee el futuro. Puedes ver por qué el demonio quiere destruir el matrimonio.

El apóstol Pablo nos advierte sobre este conflicto espiritual constante en varias de sus epístolas, pero tal vez lo hace de manera más vehemente en su carta a los cristianos de Éfeso, donde también detalla nuestra estrategia para ganar la batalla. Esa estrategia tiene que ver con la armadura que usamos cuando entramos en guerra con el enemigo de nuestras almas.

Por tanto, tomad toda la armadura de Dios, para que podáis resistir en el día malo, y habiendo acabado todo, estar firmes. Estad, pues, firmes, ceñidos vuestros lomos con la verdad, y vestidos con la coraza de justicia, y calzados los pies con el apresto del evangelio de la paz. Sobre todo, tomad el escudo de la fe, con que podáis apagar todos los dardos de fuego del maligno. Y tomad el yelmo de la salvación, y la espada del Espíritu, que es la palabra de Dios; orando en todo tiempo con toda oración y súplica en el Espíritu, y velando en ello con toda perseverancia y súplica por todos los santos (Efesios 6:13-18).

En mi primer libro, *Victoria en la guerra espiritual*, escribí extensamente sobre cómo enfrentar al enemigo con la armadura puesta. Ahora, en este segundo libro de la serie *Oraciones para la victoria*, presento una colección de oraciones poderosas que abordan algunos de los principales problemas que enfrentamos en nuestros matrimonios. Además, hay oraciones para pedir el favor de Dios y su bendición en tu hogar.

Para cada tema, encontrarás oraciones basadas en cada pieza de la armadura. Haz estas oraciones palabra por palabra, parafraséalas o utilízalas como punto de partida para hacer tus propias oraciones. Lo más importante es que ores. Mi objetivo es que estas oraciones actúen cada día como un punto de partida para ti y que, cuando la oración que he escrito finalice, continúes orando por tu situación con tus propias palabras.

Las citas anteriores a las oraciones de este libro han sido adaptadas de algunos de mis libros ya publicados y son usadas con permiso:

Tu destino (Editorial Portavoz, 2015)
Free at Last, (Moody Publishers, 2005)
Un hombre del reino (Tyndale House Publishers, 2013)
Un matrimonio del reino (Tyndale House Publishers Inc., 2017)
Life Essentials (Moody Publishers, 2007)
El matrimonio sí importa (Editorial Portavoz, 2012)
A Moment for Your Soul, (Harvest House Publishers, 2012)

El poder de los nombres de Dios (Editorial Portavoz, 2015)
Educando hijos del reino (Tyndale House Publishers, 2018)
Victoria en la guerra espiritual (Editorial Portavoz, 2012)
¡Cuidado con esa boca! (Editorial Portavoz, 2018)

Recuerda cuando ores que no estás pidiendo como un mendigo, sino como un guerrero del Rey de reyes. Si necesitas ayuda para entender lo que quiero decir y la importancia de reclamar tus derechos legales al orar, escucha mi sermón *«Claiming Your Legal Rights»* [«Reclama tus derechos legales»] en go.tonyevans.org/prayer (solo disponible en inglés). Tienes poder sobre tu enemigo cuando oras. Probablemente tengas más poder del que te imaginas. Tu deber es caminar en la autoridad que Dios te ha dado para poder experimentar un matrimonio fuerte y sólido. Y lo puedes lograr mediante la oración.

Dios creó el matrimonio con un propósito en mente, con una misión. Un matrimonio del reino no tiene que ver únicamente con que seas feliz o que tu cónyuge sea feliz. Un matrimonio del reino combina exitosamente la misión con la emoción. Con demasiada frecuencia, las parejas pierden de vista la misión y el propósito mientras se enfocan en la decepción de las expectativas insatisfechas con respecto a sus emociones. Entonces, cuando la felicidad se desvanece o la chispa se apaga, piensan que su matrimonio se terminó. O su decepción los conduce a conflictos y quejas.

Dios creó a Adán y Eva con un propósito: ejercer dominio. Ejercer *dominio* significa gobernar en nombre de Dios en la historia para que la historia se someta a la autoridad de Dios. En pocas palabras, la misión del matrimonio es reflejar la imagen de Dios en la historia y ejercer dominio por mandato divino. Por eso, Génesis 1:26 dice: «y señoree». Profundizo un poco más sobre el mandato del dominio en mis enseñanzas sobre el matrimonio; pero a los efectos de las oraciones, debes saber que el Señor los ha unido para reflejar su imagen en la tierra de la manera más integral posible, mediante la unión de un hombre y una mujer, para extender su autoridad y gobierno del cielo en la tierra.

La felicidad es el beneficio de un matrimonio sólido, pero no es la meta. El objetivo es reflejar a Dios por medio del avance de su reino en la tierra. La felicidad es la consecuencia natural de buscar ese objetivo. Ajustar nuestro modo de pensar conforme al propósito de Dios puede ayudarnos a orar de acuerdo con la voluntad de Dios para nuestra vida, nuestra relación y nuestro hogar.

Las piezas de la armadura para usar en «todo tiempo»

Antes de comenzar, echemos un vistazo a cada pieza de la armadura. Las primeras tres piezas de la armadura son instrumentos que deberíamos usar en todo momento.

El cinturón de la verdad

Usar el cinturón de la verdad implica entender que la verdad es, fundamentalmente, el conocimiento de Dios: su punto de vista sobre un asunto, que contiene tres principios:

1. La verdad está compuesta por información y hechos, pero también incluye la intención original de Dios, lo cual la convierte en la norma objetiva absoluta mediante la cual se mide la realidad.

2. La verdad ya ha sido predeterminada por Dios.

3. La verdad debe aceptarse internamente y luego manifestarse externamente.

Cuando te pones el cinturón de la verdad y lo usas para ajustar tu mente, tu voluntad y tus emociones conforme a la perspectiva de Dios sobre un asunto —su verdad—, Él te da poder para vencer las mentiras del enemigo y pelear tus batallas espirituales con potestad espiritual divinamente autorizada.

La coraza de justicia

La justicia ha sido depositada dentro de nosotros. Nuestra tarea es alimentarla y nutrirla con la verdad de Dios para que se expanda y nos envuelva con la protección que tan desesperadamente necesitamos en la guerra espiritual.

Cuando fuiste salvo, Dios depositó en lo más profundo de tu ser un corazón nuevo que contiene toda la justicia que le pertenece a Jesucristo. La justicia es la norma que agrada a Dios. Sin embargo, no puedes beneficiarte de su poder de restauración a menos que caves profundo con la pala de la verdad. Entonces, Dios hará de ti un nuevo ser en tus actos y tus decisiones y te rodeará con la protección segura de la coraza de su justicia.

Usar la coraza de justicia implica caminar seguro en la justicia que se te ha imputado por medio de la cruz, estar limpio delante de Dios en tu práctica de la justicia y alimentar tu espíritu con la Palabra de Dios para que el Espíritu produzca en ti el fruto natural de una vida recta que fluye de tu interior.

El calzado de la paz

El calzado de los soldados romanos se llamaba *caliga*. Eran sandalias remachadas fuertemente con clavos. Estos clavos, conocidos como tachuelas, reforzaban toda la suela del calzado para incrementar su duración, estabilidad y tracción. Eso evitaba que los soldados se resbalaran, así como hoy día los botines de fútbol ayudan a los jugadores de ese deporte. Eso les daba un punto de apoyo seguro, que facilitaba su movilidad en la batalla y, a la vez, hacía que fuera más difícil derribarlos.

Entonces, cuando Pablo te exhorta a calzarte tus pies, se refiere a mantenerte firme para que cuando Satanás venga, no pueda derribarte. De hecho, puedes mantenerte firme, porque los clavos en la suela de tu «calzado de la paz» se han hundido profundamente en el terreno firme sobre el cual estás parado. Pablo nos está diciendo que no tenemos que resbalar o caer con cada golpe o dificultad que la vida nos depare. Tener nuestros pies calzados con el apresto del evangelio de la paz nos da la estabilidad que necesitamos para poder resistir a Satanás.

Dios nos ofrece una paz que sobrepasa todo entendimiento. Cuando recibimos y caminamos en la paz de Dios, esta paz guarda nuestro corazón y nuestros pensamientos. Esta es la paz que guarda a quienes pierden su trabajo, para que no pierdan también la cordura. Es la paz que provoca alabanza cuando no hay dinero en el banco. Es la paz que devuelve la esperanza frente a la enfermedad. Esta paz es tan poderosa que somos llamados a dejar que gobierne nuestro corazón, tome el control de nuestra vida y dicte nuestras emociones. Ponerte el calzado de la paz significa someter tu alma al gobierno del Espíritu de Dios. Cuando decides hacerlo, Dios te da paz, porque ahora la paz de Cristo gobierna tus pensamientos y tus acciones. Cuando la preocupación aparezca otra vez, recuerda que te está mintiendo, porque Dios ha prometido suplir tus necesidades.

¿Qué puedes hacer cuando tu paz está bajo ataque? Debes contrarrestar ese ataque en el mundo espiritual y confrontar al enemigo con la verdad de Dios. Cuando haces esto, tu calzado no se parece a ningún otro y les recuerda a los demonios, a ti mismo y a otros que estás firme con la armadura de Dios. Este calzado te permite caminar sin cansarte y encontrar el poder tranquilizador de la paz.

Las piezas de la armadura que debemos «tomar»

Hasta ahora hemos visto tres piezas de la armadura de Dios que debemos usar para estar bien vestidos para la guerra. Son tres piezas de uso continuo. El verbo «estad» en Efesios 6:14 indica «en todo tiempo». Debemos usar siempre el cinturón de la verdad, la coraza de justicia y el calzado del evangelio de la paz.

Las siguientes tres son las que debemos tener a mano, listas para tomar y usar cuando las necesitemos. Pablo cambia de verbo para las siguientes tres piezas de la armadura y nos dice «tomad» el escudo de la fe, el yelmo de la salvación y la espada del Espíritu.

El escudo de la fe

La fe es fundamental para lograr la victoria en la guerra espiritual. La fe accede a lo que Dios ya ha hecho o a lo que planea hacer. El escudo de la fe también puede definirse como el escudo que *es* la fe, porque la fe en sí es un escudo.

Las Escrituras están llenas de versículos que describen esta arma de fe y nos muestran dónde encontrarla. Hebreos 12:2 nos dice que

Jesús es el «autor y consumador de la fe». En Gálatas 2:20 leemos que ahora vivimos en la fe de Cristo. «Con Cristo estoy juntamente crucificado, y ya no vivo yo, mas vive Cristo en mí; y lo que ahora vivo en la carne, lo vivo en la fe del Hijo de Dios, el cual me amó y se entregó a sí mismo por mí». En 1 Juan 5:4 se afirma: «Porque todo lo que es nacido de Dios vence al mundo; y esta es la victoria que ha vencido al mundo, nuestra fe».

La fe es un arma poderosa, establecida en Jesucristo. Jesús tipifica todos los ingredientes de la fe, desde su creación hasta su perfeccionamiento. La clave para lograr la victoria en la guerra espiritual es esta fe.

Defino la fe en términos prácticos al decir que tener fe es actuar como si Dios dijera la verdad. Otra forma de describir la fe es que implica actuar como si algo fuera cierto, aunque no lo sea, para que pueda serlo, simplemente porque Dios lo dijo. Tu fe siempre debe estar directamente vinculada a una acción hecha en respuesta a una verdad revelada, de lo contrario, no es fe. Si no estás dispuesto a hacer algo en respuesta a la verdad —aunque sea algo tan simple como estar tranquilo en vez de preocuparte—, la fe que afirmas tener no es real. La fe siempre se manifiesta en lo que haces, no solo en lo que dices.

Sin embargo, ten presente que esta arma no es solo fe en algo; sino fe en la verdad de Dios. La fe es tan valiosa como aquello a lo cual está vinculada.

Por ejemplo, si tu fe está ligada a tus sentimientos —cuánta fe sientes—, esa fe estará vacía. Puedes sentirte completamente lleno de fe, pero no hacer nada en respuesta a esa fe porque en realidad no crees en lo que dices sentir. La verdadera fe siempre está basada en tus acciones: lo que haces en respuesta a lo que crees. La fe es una función de la mente que aparece en tus elecciones y respuestas en la vida.

Dios nos ha dado el escudo de la fe para protegernos de las estrategias engañosas del enemigo. Cuando lo usas correctamente, este escudo te ayuda a avanzar contra el enemigo, porque crees que lo que Dios ha dicho de tu situación —en su Palabra y mediante sus promesas— es verdad.

Toma el escudo de la fe y obtén la victoria que ya ha sido ganada.

El yelmo de la salvación

Con el yelmo, Pablo vuelve a usar un ejemplo físico para ilustrar una verdad espiritual, y demuestra que así como el cerebro es el centro de control sobre el resto del cuerpo, la mente es el centro de control sobre la voluntad y las emociones. La mente debe estar protegida con este yelmo para que pueda amortiguar los golpes del enemigo e incluso impedir que caigamos derrotados en el reino espiritual.

Una razón por la que tenemos que usar el yelmo es porque el enemigo trata de evitar que hagamos las cosas que Dios quiere que hagamos. El deseo de Dios es hablar verdad a nuestra mente. Desde su posición sobre todas las cosas —sentado en los lugares celestiales— observa lo que sucede abajo. Puede ver la vida mucho mejor que nosotros. Puede examinar la estrategia del enemigo mejor que nosotros. Ha estudiado la película del juego mucho más que nosotros. Y, por todo eso, Dios tiene algunos secretos que quiere que escuches. Son secretos, porque a menudo lo que Dios tiene que decir es solo para ti.

Satanás quiere evitar que usemos el yelmo de la salvación para que sus susurros se conviertan en la realidad mediante la cual interpretemos y respondamos a la vida.

Todo lo que Dios alguna vez haga por ti ya ha sido hecho. Cada sanidad que Él haga en tu cuerpo físico ya ha sido hecha. Cada oportunidad que alguna vez te dé ya ha sido dada. Cada fortaleza que derribe en ti ya ha sido derribada. Cada victoria que alguna vez experimentes ya ha sido ganada. El gozo que estás buscando desesperadamente ya existe. La paz que pides en vela toda la noche y deseas disfrutar ya está presente. Y el poder que necesitas para experimentar la vida que Dios ha diseñado para ti ya es tuyo. Esto se debe a que Dios ya ha depositado en el reino celestial «toda [la] bendición espiritual» que necesitas y necesitarás (Efesios 1:3).

Usar el yelmo de la salvación significa ajustar nuestros pensamientos conforme a nuestra nueva identidad en Cristo, no a nuestra antigua identidad en Adán.

La espada del Espíritu

Esta pieza de la armadura sobresale entre las demás. Se destaca porque es la única arma ofensiva del arsenal. Todas las demás están destinadas a mantenernos firmes frente a todo lo que el enemigo traiga contra nosotros «en el día malo». Sin embargo, después que Dios nos equipa para estar firmes en la batalla, nos da un arma adicional con la cual podemos atacar y avanzar.

Cuando Pablo nos insta a tomar la espada del Espíritu, nos muestra que en esta batalla el enemigo a veces parecerá estar justo frente a nuestras narices, así como el jugador contrario que trata de bloquear un lanzamiento en un partido de baloncesto. A menudo el jugador contrario se pega con su cuerpo, su cara o sus manos al jugador ofensivo para desorientarlo e impedirle avanzar. Satanás no quiere que tú ni yo encestemos al aro y anotemos dos puntos, de modo que, para evitarlo, nos presenta batalla y levanta una fortaleza tan pegada a nosotros como sea posible. A menudo esto significa que la batalla se está librando dentro de ti: en tu mente, tu voluntad, tus emociones y tu cuerpo.

Pablo dice que esta es la espada *del Espíritu*. No es tu espada. No es la espada de la iglesia. No es la espada de las buenas obras, ni siquiera de la religión. No es la espada del predicador. Esta es la espada del Espíritu y, en efecto, es la única arma que el Espíritu usa en el mundo espiritual.

Cuando aprendes a usar la espada del Espíritu, que es la Palabra de Dios, puedes ir a la ofensiva contra el enemigo que busca destruirte. No importa qué tan viejo seas o qué tan débil parezcas. Todo lo que debes saber es que con la espada en tu mano puedes hacer más de lo que imaginas. Tal como Jesús lo demostró en el desierto, usar la espada del Espíritu significa declarar frente al enemigo pasajes de las Escrituras que se relacionan con tu situación específica.

La batalla en las regiones celestes

Pablo termina su discusión sobre la armadura de Dios con un llamado a la oración (Efesios 6:18). ¿Por qué? Porque en oración es cómo te vistes para la guerra. En oración es cómo te pones la armadura. Defino la oración como una comunicación relacional con Dios. Es el permiso terrenal para una interferencia celestial. ¿Por qué la oración a menudo nos parece difícil? Porque Satanás trata de alejarnos de ella. Él sabe lo importante que es y utilizará todos los medios posibles para evitar que nos comuniquemos verdaderamente con Dios, porque sabe lo que hace la oración: activa la respuesta del cielo para nosotros conforme a la voluntad de Dios. La oración nunca obliga a Dios a hacer lo que no es su voluntad; más bien desata su voluntad para nosotros. Y definitivamente, es su voluntad que sus hijos tengan un matrimonio victorioso, pleno de amor y con propósito.

En el libro de Daniel encontramos una de las mejores ilustraciones sobre la oración. Vemos a Daniel estudiar las Escrituras y luego le responde a Dios en oración basado en lo que ha descubierto.

> En el año primero de su [Darío] reinado, yo Daniel miré atentamente en los libros el número de los años de que habló Jehová al profeta Jeremías, que habían de cumplirse las desolaciones de Jerusalén en setenta años. Y volví mi rostro a Dios el Señor, buscándole en oración y ruego, en ayuno, cilicio y ceniza (Daniel 9:2-3).

Primero, Daniel leyó la verdad de Dios. Luego, habló con Dios sobre ella. Cada vez que hablas con Dios sobre su Palabra, estás orando. No tienes que hacerlo de rodillas. Puedes hacerlo mientras trabajas, sales a pasear, lavas los platos… lo que sea. La oración en privado es fundamental, pero procura no descuidar la necesidad de orar de manera constante a lo largo del día también.

Fíjate en lo que ocurrió después.

> Aún estaba hablando y orando, y confesando mi pecado y el pecado de mi pueblo Israel, y derramaba mi ruego delante de Jehová mi Dios por el monte santo de mi Dios; aún estaba hablando en oración, cuando el varón Gabriel, a quien había visto en la visión al principio, volando con presteza, vino a mí como a la hora del sacrificio de la tarde. Y me hizo entender, y habló conmigo, diciendo:

Daniel, ahora he salido para darte sabiduría y entendimiento (Daniel 9:20-22).

Mientras Daniel oraba, Dios respondió. Envió un ángel para ayudarlo a entender aún más su situación. Observa que Dios no envió al ángel a darle entendimiento *hasta* que Daniel oró en respuesta a lo que Dios ya había dicho. Leemos: «Al principio de tus ruegos fue dada la orden, y yo he venido para enseñártela, porque tú eres muy amado. Entiende, pues, la orden, y entiende la visión" (v. 23). Cuando Daniel empezó a orar, Dios le dio a Gabriel la instrucción de ir a Daniel para ayudarle a entender. El capítulo siguiente nos da una mejor comprensión de este acontecimiento.

Y he aquí una mano me tocó, e hizo que me pusiese sobre mis rodillas y sobre las palmas de mis manos. Y me dijo: Daniel, varón muy amado, está atento a las palabras que te hablaré, y ponte en pie; porque a ti he sido enviado ahora. Mientras hablaba esto conmigo, me puse en pie temblando. Entonces me dijo: Daniel, no temas; porque desde el primer día que dispusiste tu corazón a entender y a humillarte en la presencia de tu Dios, fueron oídas tus palabras; y a causa de tus palabras yo he venido. Mas el príncipe del reino de Persia se me opuso durante veintiún días; pero he aquí Miguel, uno de los principales príncipes, vino para ayudarme, y quedé allí con los reyes de Persia. He venido para hacerte saber lo que ha de venir a tu pueblo en los postreros días; porque la visión es para esos días. Mientras me decía estas palabras, estaba yo con los ojos puestos en tierra, y enmudecido (Daniel 10:10-15).

Cuando Daniel oró a Dios en respuesta a las palabras reveladas mediante Jeremías, Dios envió un mensajero para ayudar a Daniel. Dos veces leemos en estos dos capítulos que Dios envió al ángel el día que Daniel oró por las palabras que Él ya había revelado. Cuando estás orando conforme a las propias palabras de Dios, Él escucha y responde. La demora en recibir esa respuesta se debió a la guerra espiritual en las regiones celestes. Gabriel ya había sido enviado a Daniel para que le llevara un mensaje de Dios; pero el príncipe de Persia, un demonio, impidió que Gabriel llegara a su destino durante tres semanas. Tu batalla se pelea en el mundo espiritual. No debes ignorar este hecho. Si lo haces, no podrás ganar la batalla. Como hemos visto, desde la primera vez que Daniel oró, Dios escuchó y respondió de inmediato. Sin embargo, debido a la batalla que se estaba librando en el mundo espiritual e invisible, la respuesta de Dios tardó en llegar a su destino. De hecho, fue necesario otro ángel, Miguel, para impedir que el demonio siguiera siendo un obstáculo para Gabriel. Finalmente, dos ángeles tuvieron que luchar contra el príncipe de Persia para que Daniel pudiera recibir el mensaje de Dios.

Rara vez se gana una batalla en un minuto. Por eso quiero animarte a perseverar en la oración. Puede que no recibas la respuesta de Dios de inmediato por la sencilla razón de que se está librando una batalla en las regiones celestes.

Cada pieza de la armadura tiene un uso específico en nuestra guerra contra Satanás. En su conjunto, presentan una defensa *y* ofensiva poderosas en contra de las tácticas del enemigo. A medida que hagas las oraciones de las páginas siguientes en intercesión por tu matrimonio, espero que desarrolles el espíritu de lucha que necesitan los guerreros para ganar la batalla por tu hogar y que te unas al poderoso ejército de vencedores que Dios está levantando. Tu participación en la guerra espiritual por tu matrimonio puede cambiar el curso de tu historia personal, tu familia, tu iglesia, tu comunidad e incluso tu nación.

1

AMOR

El cinturón de la verdad

El amor es sufrido, es benigno; el amor no tiene envidia, el amor no es jactancioso, no se envanece; no hace nada indebido, no busca lo suyo, no se irrita, no guarda rencor; no se goza de la injusticia, mas se goza de la verdad. Todo lo sufre, todo lo cree, todo lo espera, todo lo soporta. El amor nunca deja de ser.

1 Corintios 13:4-8

A menudo usamos la palabra «amor» en términos generales y lo dejamos libre para ser definido de varias maneras. Algunos suelen decir cosas como: «Amo el pastel de chocolate», «amo el fútbol» o «amo ese espectáculo». En realidad, lo que quieren decir es que les «encanta» o que lo «disfrutan». La definición del amor va mucho más allá de las emociones que sentimos. Amar es buscar de manera compasiva y justa el bienestar del otro.

Amado Señor, gracias por ser el primero en demostrarme cómo es el verdadero amor. No tengo necesidad de adivinar cómo es, porque me lo has mostrado al enviar a tu Hijo Jesucristo a rescatarme. El amor nunca se detiene, jamás es egoísta.

Señor, te pido que todo lo que haga por mi cónyuge provenga de un verdadero corazón amoroso y no de un sentido del deber o de la expectativa de obtener algo a cambio. Te ruego que cada vez que sirva a mi cónyuge en amor con un corazón sincero y puro me muestres que lo has notado. Refuerza esta actitud en mí al permitirme ver con ojos espirituales cuando mi amor está haciendo un aporte positivo a mi matrimonio.

Padre, te pido que me des tu gracia para amar a mi cónyuge con un corazón dispuesto y de manera constante, aunque él o ella no satisfaga todas mis necesidades. El amor no es condicional. El amor perdona. El amor cree. El amor soporta. El amor nunca falla. Gracias por mostrarme ese amor todos los días de mi vida. En el nombre de Cristo. Amén.

La coraza de justicia

Y ante todo, tened entre vosotros ferviente amor; porque el amor cubrirá multitud de pecados.

1 Pedro 4:8

En 1 Juan 4:8 dice: «Dios es amor». Puesto que Dios *es* amor, siempre se debe definir el amor en función de Dios como nuestro patrón de referencia.

Dios observa cómo se honran los fundamentos del pacto en el matrimonio para poder responder en consecuencia. Observa al marido para ver cómo muestra su amor por su esposa mediante sus acciones. Observa a la esposa para ver cómo honra a su esposo.

Él te observa, porque te responderá de acuerdo con tus acciones.

Padre, no hay mayor retrato o ilustración de amor que cubra una multitud de pecados que el de Jesucristo. Por su justicia mi pecado es perdonado. Por su amor sacrificial soy declarado justo. Estoy disfrutando de tu bien en cada momento de mi vida y lo seguiré disfrutando en la eternidad debido a tu amor expresado por medio del amor de Jesucristo. Quiero mostrar un amor más ferviente hacia mi cónyuge, en agradecimiento por el amor que tú me has mostrado. Eres mi patrón de referencia. No lo son la televisión, las revistas, las redes sociales... ni siquiera mi pastor o mi iglesia. Tu amor es el modelo de amor que debo manifestar. Mi cónyuge no es perfecto, comete errores y, a veces, pecados; pero tú has dicho que el amor cubre una multitud de pecados. El amor me concede gracia donde necesito de la gracia. Me ayuda a mantener la boca cerrada en lugar de responder enojado cuando me siento ofendido. Señor, dame poder para amar de acuerdo con el modelo que tú has establecido. Ayúdame a no rebajar ese patrón de referencia al nivel de los que me rodean o incluso de mi cónyuge. Tú eres mi patrón de referencia, y tu amor siempre es fiel, verdadero, humilde, gentil, amable, misericordioso, lleno de gracia y poderoso. Que pueda amar a mi cónyuge conforme a la medida del amor que he recibido de ti. En el nombre de Cristo. Amén.

El calzado de la paz

Yo pues, preso en el Señor, os ruego que andéis como es digno de la vocación con que fuisteis llamados, con toda humildad y mansedumbre, soportándoos con paciencia los unos a los otros en amor, solícitos en guardar la unidad del Espíritu en el vínculo de la paz.

EFESIOS 4:1-3

El amor implica emociones, de eso no cabe duda, pero también incluye una búsqueda consciente del bien de la otra persona. La principal preocupación del que ama es ¿cómo contribuye esta acción al bien del destinatario de mi amor? Si no contribuye para bien, o si hace lo contrario, no es amor.

Señor, me has llamado a vivir con toda humildad y gentileza, a ser paciente y tolerante, y a guardar la unidad y la paz. A veces me resulta menos difícil hacer esto con otras personas que con mi cónyuge. Esto no debería ser así. Deberíamos ser más humildes, gentiles, pacientes, tolerantes y pacíficos en nuestro matrimonio que en cualquier otra relación. Sin embargo, a veces la familiaridad conduce al menosprecio o al menos, a la complacencia. Mantén mi espíritu vivo y renovado con respecto a mi matrimonio. Ayúdame a vivir con una actitud continua de agradecimiento por mi cónyuge. Permite que el amor sea la atmósfera que caracterice nuestro hogar.

También oro por sabiduría, Dios, para saber cuál es la mejor manera de cultivar la paz en mi matrimonio y mi hogar. Te pido que me des sabiduría para saber programar nuestros horarios así como elegir opciones de entretenimiento y trabajo. Danos sabiduría para saber interactuar uno con el otro a fin de fomentar la paz entre nosotros. Pon un guarda a mi boca cuando sienta la necesidad de decir algo que no provenga de un espíritu de humildad, gentileza y paz.

Dios, sé que esto es pedir mucho, pero nos has unido en este matrimonio para tus propósitos, y cada día, cada hora, necesitamos que tu mano nos ayude a ser instrumentos útiles conforme a tus deseos. Recuérdanos el poder de la paz. Recuérdame el poder de la paciencia. Ayúdanos a honrarnos y valorarnos el uno al otro. En el nombre de Cristo. Amén.

El escudo de la fe

Cuando yo era niño, hablaba como niño, pensaba como niño, juzgaba como niño; mas cuando ya fui hombre, dejé lo que era de niño. Ahora vemos por espejo, oscuramente; mas entonces veremos cara a cara. Ahora conozco en parte; pero entonces conoceré como fui conocido. Y ahora permanecen la fe, la esperanza y el amor, estos tres; pero el mayor de ellos es el amor.

1 Corintios 13:11-13

La mayoría de las personas hoy día ve el matrimonio como una manera de encontrar amor, felicidad y realización. No te equivoques al respecto, esas cosas son importantes, son decisivas; pero no son las más importantes ni las más decisivas. Aún más, debido a que le hemos dado más importancia a lo que está en segundo lugar, por más importantes que sean esas cosas, ahora no podemos encontrar ni lo uno ni lo otro. El matrimonio es un pacto. Es una unión de pacto que Dios ha diseñado para fortalecer la capacidad de cada cónyuge de llevar a cabo el plan de Dios en su vida.

Amado Dios, tus propósitos no siempre salen a la luz tan rápido como desearíamos. Quisiera presionar el botón de obediencia y que luego me muestres qué aportó a mi matrimonio. Es difícil amar sin ver de inmediato el fruto o los resultados de ese amor. Eso se llama amar por fe. Dar amor mientras confío que harás que redunde para bien es una de las mejores maneras de manifestar fe en mi matrimonio. Con demasiada frecuencia determino que demostraré y viviré los principios del amor por un día o una semana, pero cuando no veo resultados o frutos inmediatos y empiezo a sentirme usado, olvidado o ignorado, retrocedo al egoísmo y la autoprotección.

Sin embargo, me recuerdas que no lo veo todo en este momento. No entiendo todo lo que hay que entender ahora. Sino que debo amar a mi cónyuge con la plena fe de que tú harás que redunde para bien, porque prometes honrar a los que te honran obedeciéndote. Es fácil amar, Señor, durante los tiempos de mutuo reconocimiento, afecto o compañerismo. Sin embargo, en los tiempos de sequía que cada matrimonio atraviesa —todas las relaciones los atraviesan— es cuando debo amar por fe. Ayúdame a confiar en que tú sí lo verás y responderás aunque sienta que mi cónyuge no lo ve. Dame poder para pasar la verdadera prueba del amor consagrado: ceder cuando no vea una reciprocidad inmediata. Sé mi fortaleza en esos momentos y permíteme amar con un corazón tan fiel como el tuyo. En el nombre de Cristo. Amén.

El yelmo de la salvación

Nadie tiene mayor amor que este, que uno ponga su vida por sus amigos.

JUAN 15:13

La salvación implica sacrificio. Cristo se sacrificó por la Iglesia, y los cónyuges deberían sacrificarse por el beneficio mutuo. Tu cónyuge sabrá que le amas cuando estés dispuesto a renunciar a cosas que son importantes para ti por algo que él o ella necesitan legítimamente para su bienestar. Podría costarte algo. Podría costarte tiempo, energía, dinero o la postergación de alguna de tus metas, pero de eso se trata el sacrificio.

Cuando el rey David presentó un sacrificio delante de Dios para pedirle que quitara una peste que había enviado sobre su pueblo, compró la tierra en la que estaba haciendo el sacrificio. Y la compró a pesar de que el dueño se la había ofrecido de forma gratuita.

¿Por qué la compró? Porque dijo: «No, sino por precio te lo compraré; porque no ofreceré a Jehová mi Dios holocaustos que no me cuesten nada» (2 Samuel 24:24). David sabía que la naturaleza de un sacrificio significaba renunciar a algo en el proceso.

Señor, tu salvación tuvo un alto costo. Por tu salvación, vivo libremente en tu gracia, tu perdón y tu amor. A veces siento que sacrificarme por mi cónyuge es un esfuerzo unilateral. Sin embargo, de eso se trata el sacrificio, ¿verdad? Sacrificarse no implica llevar la cuenta. No se hace para recibir una recompensa o un reconocimiento. David se negó a ofrecerte un sacrificio que no le costara nada, porque la naturaleza misma del sacrificio es renunciar a algo para el beneficio del otro.

Señor, dame sabiduría para conocer dónde y cómo necesito amar sacrificialmente a mi cónyuge. Muéstrame la manera de mejorar en esta área. Permíteme tener un vislumbre del gozo que produce el amor sacrificial al poder entender el gozo que te produce amarme a pesar del alto precio que tuviste que pagar. La salvación que me ofreciste no venía acompañada de una lista de demandas que tendría que cumplir para poder obtenerla o conservarla. Vino mediante tu amor sacrificial. Que mi amor por mi cónyuge nunca esté condicionado a demandas o requisitos. Haz que mi corazón sea tan tierno como el tuyo y predispuesto al puro placer de amar solo para buscar el bien de la otra persona. En el nombre de Cristo. Amén.

La espada del Espíritu

Ponme como un sello sobre tu corazón, como una marca sobre tu brazo;
Porque fuerte es como la muerte el amor;
Duros como el Seol los celos;
Sus brasas, brasas de fuego, fuerte llama.
Las muchas aguas no podrán apagar el amor,
Ni lo ahogarán los ríos.
Si diese el hombre todos los bienes de su casa por este amor,
De cierto lo menospreciarían.

Cantares 8:6-7

Las palabras que se intercambian el día de la boda con las que se prometen amarse, cuidarse y honrarse uno al otro no fueron solo una parte de la ceremonia. Fueron declaraciones hechas en el proceso de hacer de la relación un pacto legalmente vinculante bajo el principio de dos que se convierten en una sola carne (Marcos 10:6-8). El juramento ceremonial que se hicieron el uno al otro es la manifestación pública del pacto matrimonial ante Dios.

Señor, el amor es poderoso. La emoción del amor nos motiva e inspira a todos. Sus llamas son destellos de fuego, y las aguas no pueden apagarlo. Tu Palabra habla del amor romántico de una manera que reconoce su poder.

Oro que el amor romántico entre mi cónyuge y yo sea tan profundo, tan grande, tan fuerte y tan fortalecedor, que hagan eco en nosotros las palabras del Cantar de los Cantares. Ruego que podamos estar dispuestos a entregar toda nuestra riqueza a cambio de amor y no arrepentirnos ni por un solo instante. Ayúdanos a recordar que no debemos valorar nuestra carrera, nuestros ingresos o nuestros logros más que nuestro amor. En este amor encontramos satisfacción pura: este es tu regalo. Muéstranos cada vez que lo olvidamos. Reaviva la llama de nuestro amor de tal manera que sea tan fuerte como la muerte y que nuestra pasión sea tan tenaz como el Seol. Tú eres amor. Llénanos de tu presencia y haznos verdaderamente uno. En el nombre de Cristo. Amén.

2

UNIDAD

El cinturón de la verdad

Y los dos serán una sola carne; así que no son ya más dos, sino uno.

MARCOS 10:8

Uno de los principios de la norma de Dios es su devoción por la unidad, que conocemos como ser uno. La unidad puede definirse, lisa y llanamente, como unirse con un mismo propósito. Es trabajar juntos en armonía hacia una visión y un objetivo compartidos.

Amado Señor, la unidad en nuestro matrimonio es mucho más que estar de acuerdo en cada cosa. Tu Palabra dice que nuestra unidad, en realidad, es un reflejo de ti a los demás. Nuestra desunión revela cuán lejos estamos de ti en nuestra vida y carácter espiritual. Ayúdame a mantener una actitud de unidad basada en la verdad de tu Palabra y a no ver nuestras decisiones y nuestros desacuerdos como la competencia de nuestros pensamientos y nuestra voluntad.

Jesús describió el propósito de la unidad cuando dijo: «Yo en ellos, y tú en mí, para que sean perfectos en unidad, para que el mundo conozca que tú me enviaste, y que los has amado a ellos como también a mí me has amado» (Juan 17:23). La unidad es nuestra manera de demostrar que enviaste a Jesús y que nos amas tal como amas a tu Hijo. En Jesús tenemos la redención y el perdón de nuestros pecados, pero nuestro testimonio se debilita cuando la relación más íntima que has creado en la tierra, la del matrimonio, queda empañada por la falta de armonía.

Jesús oró que fuésemos «perfectos en unidad». Estamos lejos de serlo cuando peleamos o nos aferramos a nuestros propios deseos o nuestras propias decisiones sin tener en cuenta los deseos y las decisiones de nuestro cónyuge. Ayúdame, ayúdanos, a ser perfeccionados espiritualmente mediante el proceso de santificación de la unidad en nuestro matrimonio. En el nombre de Cristo. Amén.

La coraza de justicia

Completad mi gozo, sintiendo lo mismo, teniendo el mismo amor, unánimes, sintiendo una misma cosa.

FILIPENSES 2:2

El matrimonio es un pacto sagrado, no solo un contrato social. Dios prometió bendecir al hombre, a la mujer y a su descendencia si eran fieles a sus estatutos.

Padre, tus bendiciones y tu favor son fundamentales para que nuestro matrimonio llegue al destino que has trazado para nosotros. Sin embargo, no recibimos tu bendición y tu favor automáticamente por el solo hecho de estar casados; sino por vivir, pensar y amar de acuerdo con tu plan establecido. Ayúdanos a tener un objetivo más alto para nuestro matrimonio que no sea solo proporcionar placer o cubrir las necesidades del otro. Ayúdanos a ver el matrimonio como el pacto sagrado que has establecido que fuera. Cuando lo vemos mediante tus ojos y tu perspectiva, estamos motivados e inspirados a vivir en una unidad mayor de la que ahora experimentamos.

Te pido que me des el deseo y la capacidad de ceder, madurar y fomentar una unidad más profunda con mi cónyuge en aquellas áreas donde necesito hacerlo. Y dale también a mi cónyuge la capacidad y la disposición de hacer estas cosas en aquellas áreas que él o ella necesita reforzar. Cuando trabajamos juntos, tenemos la misma opinión, mantenemos el mismo amor, nos unimos en espíritu e intentamos cumplir tu propósito, cumplimos con el designio de tu reino para nuestro hogar. Esta es mi oración por nosotros como matrimonio. En el nombre de Cristo. Amén.

El calzado de la paz

Esfuércense por mantener la unidad del Espíritu mediante el vínculo de la paz.

EFESIOS 4:3 (NVI)

Muchos esposos y esposas trabajan en equipo para satisfacer las necesidades emocionales, espirituales y generales de su familia. Qué bonito es ver cuando traen ese sentido de trabajo en equipo al hogar y lo ejemplifican delante de sus hijos y otras personas de su esfera de influencia.

Señor, la unidad requiere esfuerzo. Si no fuera así, Pablo no le habría escrito a la iglesia de Éfeso: «Esfuércense por mantener la unidad del Espíritu». Perdónanos cuando nos sentimos con derecho a la unidad por la sola razón de estar casados. Perdóname cuando espero que mi cónyuge acepte lo que le digo solo porque creo que tengo razón.

La unidad requiere esfuerzo. El esfuerzo viene en forma de humildad, disposición a escuchar, gracia, comprensión, paciencia y sabiduría. Concédeme estas virtudes en mayor medida para que pueda hacer mi parte en trabajar por mantener la unidad en nuestro matrimonio. Concédele lo mismo a mi cónyuge y ayúdanos a responder en paz cuando el otro no muestre estas virtudes. Permite que esa paz sea un recordatorio de que nuestra unidad es una herramienta fundamental en tus manos para el avance de tu reino y para lograr tu propósito para nosotros. En el nombre de Cristo. Amén.

El escudo de la fe

Porque de la manera que en un cuerpo tenemos muchos miembros, pero no todos los miembros tienen la misma función, así nosotros, siendo muchos, somos un cuerpo en Cristo, y todos miembros los unos de los otros.

ROMANOS 12:4-5

Unidad no significa uniformidad o igualdad. Unidad significa unirse con un mismo propósito. Así como la Deidad está compuesta de tres Personas distintas —el Padre, el Hijo y el Espíritu Santo—, cada una única en personalidad y, al mismo tiempo, una en esencia, la unidad refleja una unión que no invalida la individualidad.

Amado Dios, mi cónyuge y yo tenemos algunas cosas en común, pero también tenemos una serie de diferencias. Estas diferencias son muy variadas y tú las conoces todas. A veces las podemos manejar bien, pero otras veces nos superan. Cuando me siento superado, me pregunto si es posible experimentar la unidad cuando somos tan diferentes. Sin embargo, no dijiste que teníamos que ser iguales para llegar a ser uno. Más bien, nuestra unidad debería reflejar lo que Pablo escribió en la carta a los romanos, que no todos los miembros de tu cuerpo tienen la misma función, pero todavía son un cuerpo y miembros los unos de los otros.

Comprender la unidad y creer que podemos obtenerla es más fácil cuando recuerdo que no me estás llamando a ser como mi cónyuge, sino a ser de un mismo sentir con él o ella.

Te ruego que nos unas en tu verdad en aquellas áreas donde nuestras perspectivas espirituales y visión de la vida difieren. Si nuestros pensamientos, nuestras creencias y nuestros valores están en armonía contigo, naturalmente estaremos más unidos entre nosotros.

Además, Padre, ayúdanos a disfrutar y aceptar mutuamente nuestras diferencias y las personalidades únicas que nos has dado. Danos la sabiduría que nos permita comprender que la unidad no implica que nos tenga que gustar la misma música, las mismas actividades o los mismos programas de televisión. Más bien, la unidad significa que nuestra mente, nuestros pensamientos, nuestros propósitos en común y nuestros valores morales están en armonía con tu Palabra.

Cuando vivimos por la fe y creemos en tu Palabra, nos mantendremos unidos. En el nombre de Cristo. Amén.

El yelmo de la salvación

Por lo cual puede también salvar perpetuamente a los que por él se acercan a Dios, viviendo siempre para interceder por ellos.

HEBREOS 7:25

La unidad ocurre cuando combinamos nuestras diferencias únicas hacia un objetivo común. Es sentir que aquello para lo cual estamos unidos y hacia lo cual nos dirigimos es más importante que nuestras propias preferencias individuales.

Señor, mediante la muerte y resurrección de Cristo, me diste la salvación eterna. Jesús entregó su vida para propiciar mi salvación eterna. Pagaste el precio más alto por mí: el sacrificio de tu Hijo. Debido a esta verdad, existo y he sido llamado a glorificarte con mi vida, al igual que mi cónyuge. No somos dueños de nosotros mismos. Nuestro propósito es glorificar tu nombre mediante nuestras decisiones, nuestras palabras y el estado de nuestro corazón.

Ayúdanos a renunciar a nuestra voluntad y a nuestros derechos de hacer nuestra propia voluntad mientras buscamos honrarte en la unidad. Danos una revelación más grande de tu reino y recuérdanos que nuestro mayor propósito es glorificarte. La desunión es rebeldía, porque establece mis deseos y mi voluntad por sobre los tuyos. La desunión muestra que reclamo mi vida, mi cuerpo y mis decisiones sin tener en cuenta el sacrificio de Cristo y la dádiva de tu salvación mediante el perdón de los pecados.

La unidad refleja que nuestros corazones están rendidos a ti, Señor, que es lo que tu Palabra dice que debemos hacer a partir de nuestra redención por Cristo. Ayúdanos a recordar esto cuando tenemos discordias en nuestro matrimonio, y permítenos superar las dificultades a fin de que nuestros corazones estén unidos y en concordancia contigo. En el nombre de Cristo. Amén.

La espada del Espíritu

Pero el Dios de la paciencia y de la consolación os dé entre vosotros un mismo sentir según Cristo Jesús.

ROMANOS 15:5

Satanás se pasa la mayor parte del tiempo tratando de dividir a las parejas en el matrimonio. Hace esto porque sabe que los cónyuges pueden exaltar y acceder al poder y la gloria de Dios mediante la unidad.

Amado Padre, Jesús dijo: «Todo reino dividido contra sí mismo, es asolado, y toda ciudad o casa dividida contra sí misma, no permanecerá» (Mateo 12:25). Tomo la espada del Espíritu, que es la Palabra de Dios, y reprendo cualquier intento de causar o prolongar la desunión en mi matrimonio. Una casa dividida contra sí misma no puede permanecer, así que me niego a aceptar y permanecer en un estado de discordia con mi cónyuge. Padre Dios, une nuestro corazón, nuestra mente y nuestro espíritu donde estemos desunidos. Tu Palabra dice que «sigamos lo que contribuye a la paz y a la mutua edificación» (Romanos 14:19).

Has sido claro. Nosotros, como cónyuges, debemos tratar de decir y hacer cosas que nos edifiquen mutuamente en ti.

Danos revelación y sabiduría sobre cómo hacerlo. No siempre sé qué edifica a mi cónyuge en ti. Puedo pensar que es una cosa cuando otra sería más eficaz. Entonces, Señor, te ruego que ayudes a mi mente a estar en sintonía contigo para poder decir y hacer cosas que realmente edifiquen a mi cónyuge en ti. Deja que mis palabras y mis acciones sean motivadas por ti para que seamos edificados en ti y estemos unidos en ti. En el nombre de Cristo. Amén.

3

PROPÓSITO

El cinturón de la verdad

Porque somos hechura suya, creados en Cristo Jesús para buenas obras, las cuales Dios preparó de antemano para que anduviésemos en ellas.

EFESIOS 2:10

El matrimonio es una unión de pacto que Dios ha diseñado para fortalecer la capacidad y la habilidad de cada cónyuge de llevar a cabo su propósito en la esfera de influencia donde Dios los ha colocado. Cumplir nuestro propósito implica ejercer una influencia positiva entre quienes nos rodean de cualquier manera y en cada lugar donde Dios nos haya colocado.

Amado Señor, nos has diseñado a cada uno con una personalidad y una serie de habilidades únicas. Además nos has dado pasiones e intereses por cosas diferentes. Todo esto, combinado a nuestros trasfondos diferentes, nos dirige hacia nuestro propósito.

Dios, ayúdame a ser un apoyo para mi cónyuge en la búsqueda de su propósito. Muéstrame qué puedo hacer para fortalecer su capacidad de llevar a cabo lo que le has llamado a hacer. Sé que también tienes un propósito para mí, pero no quiero que eso se interponga en el que has diseñado para mi cónyuge.

Cuando buscamos cumplir nuestro propósito, experimentamos retos, contratiempos y decepciones. Quiero ser una persona de confianza para mi cónyuge a fin de que él o ella pueda hablar en un entorno seguro y amoroso. Ayúdame a no tratar de resolver, cuestionar o cambiar los retos de mi cónyuge; sino, en cambio, que pueda darle ánimo y esperanza para seguir adelante. Ayúdame a ser una bendición en la vida de mi cónyuge para que pueda llegar al cumplimiento pleno de tu propósito en su vida. Guárdame de las ambiciones y los deseos egoístas que pueden obstaculizar el camino hacia el cumplimiento de lo que has diseñado para cada uno de nosotros individualmente y como pareja. En el nombre de Cristo. Amén.

La coraza de justicia

No os conforméis a este siglo, sino transformaos por medio de la renovación de vuestro entendimiento, para que comprobéis cuál sea la buena voluntad de Dios, agradable y perfecta.

ROMANOS 12:2

> Dios ha creado el matrimonio con el propósito divino de ejercer dominio sobre la esfera de tu vida donde tienes responsabilidad e influencia. Como pareja, deben influenciar a los que los rodean en lugar de dejarse influenciar por el mundo.

Padre, tú dices que cuando te buscamos a ti y tu Palabra, nuestra mente es transformada y renovada. De esa manera, estamos en posición de discernir tu justa voluntad para nosotros. Pero cuando descuidamos tu presencia y tu Palabra, es fácil conformarnos con la injusticia de este mundo.

Dios, ayúdanos a buscarte como pareja todos los días, cada vez que conversamos, cuando oramos juntos, cuando nos enviamos mensajes de texto... de muchas maneras. Ayúdanos a alentarnos el uno al otro a renovar nuestra mente en tu Palabra.

Sabemos que cuando nuestra mente está en sintonía con la tuya, la injusticia de este mundo queda en evidencia. El mundo ofrece muchas cosas que llaman nuestra atención: ganar más dinero, comprar más cosas, disfrutar de más entretenimientos; pero lograr estas cosas no es nuestro más alto propósito. Solo tu voluntad es buena, agradable y perfecta. Queremos vivir de acuerdo con esa norma y no con la del mundo. Guíanos hacia tu propósito a cada instante y cada día. En el nombre de Cristo. Amén.

El calzado de la paz

Mirad, pues, con diligencia cómo andéis, no como necios sino como sabios, aprovechando bien el tiempo, porque los días son malos.

EFESIOS 5:15-16

> Dios te ha dado tiempo con una razón. Debes aprovechar el tiempo para cumplir tu destino. El tiempo es consecuente con el destino y el propósito.

Señor, tu Palabra dice que tengamos cuidado con nuestra manera de vivir porque los días son malos. Cada vez nos queda menos tiempo para cumplir nuestro propósito. También nos exhortas a caminar con el calzado de la paz. Cuando andamos en paz, estamos viviendo cuidadosamente. Cuando caminamos en paz en nuestra relación, no perdemos el tiempo en discusiones, peleas o respuestas poco amables. Perdemos mucho tiempo en nuestro matrimonio cuando no somos cuidadosos con nuestra manera de vivir, cuando no usamos sabiamente nuestro tiempo y cuando no tenemos una actitud de paz. Que Dios nos perdone. Que esa no sea la norma en lo adelante.

Por el contrario, en este momento, ruego por mí mismo para que me enseñes a contar mis días y para que pueda estar agradecido por mi cónyuge y por los momentos que estamos juntos. Enséñanos a no perder el tiempo en actividades frívolas, que no nos acercan a tu propósito, o en desacuerdos improductivos arraigados en el egoísmo.

Ambos tenemos un propósito importante que cumplir, así que ayúdanos a darnos tiempo el uno al otro en lugar de robarnos tiempo y para eso, que podamos mantener una atmósfera de paz en nuestro hogar. Cuando la paz es la atmósfera de nuestro hogar, somos más libres para cumplir nuestro propósito. En el nombre de Cristo. Amén.

El escudo de la fe

Aunque la visión tardará aún por un tiempo, mas se apresura hacia el fin, y no mentirá; aunque tardare, espéralo, porque sin duda vendrá, no tardará.

HABACUC 2:3

Experimentar un matrimonio en el que ambos cónyuges cumplen su propósito no significa que cada momento esté lleno de campanas y trompetas. Significa que la fe en el llamado y la dirección de Dios para cada uno de ustedes, a menudo los llevará a través de esos momentos rutinarios que son una parte normal en la vida de todos.

Amado Dios, es fácil cuestionar el propósito y la dirección cuando las cosas se demoran. Y es especialmente fácil cuando la demora causa algún tipo de incomodidad en el hogar, algún tipo de pérdida financiera o alguna inconveniencia. Muchas veces estas demoras pueden generar dudas. Y las dudas pueden conducir a la división cuando nos reprochamos el uno al otro y cuestionamos tu propósito en cada una de nuestras vidas.

Señor, ayúdanos a comprometernos por completo con el cumplimiento de tu propósito para ambos, como individuos y como matrimonio, en tu tiempo. Danos la gracia de tener paciencia cuando las cosas no parecen estar bien. Ayúdanos a levantar el escudo de la fe y recordar que la visión es para un tiempo señalado, y hasta que llegue ese momento, Dios, debemos servirnos recíprocamente en humildad, aliento y comprensión mutua.

Cuando la fe de mi cónyuge disminuye debido a demoras y desvíos en el camino hacia el cumplimiento de tu propósito, ayúdame a estar allí para recordarle que debe confiar en ti con fe. Y permite que mi cónyuge haga lo mismo por mí cuando mi fe se debilita. Hay días cuando uno de nosotros es fuerte y el otro no, cuando uno de nosotros permanece firme en la fe y visión del futuro y el otro no. Ayúdanos a complementarnos, a levantarnos el uno al otro con fe, ya sea por medio de la oración, palabras de aliento o simplemente sin quejarnos cuando las cosas parecen ir mal en este camino hacia nuestro propósito. Ayúdanos a apoyarnos el uno al otro para que nuestra fe se mantenga fuerte. En el nombre de Cristo. Amén.

El yelmo de la salvación

Pero Dios, que es rico en misericordia, por su gran amor con que nos amó… y juntamente con él nos resucitó, y asimismo nos hizo sentar en los lugares celestiales con Cristo Jesús.

Efesios 2:4, 6

Dios le dio a Adán una ayuda idónea para que pudiera llevar a cabo la instrucción que Él le había dado anteriormente: ejercer dominio sobre la tierra. Dios no le dio a Eva solo para que Adán pudiera tener a alguien que lo acompañara. Dios le dio a Eva para que pudiera tener a alguien que colaborara con él en el logro de la meta para la cual había sido creado.

Dios tampoco creó a Eva de la nada solo para que pudiera existir. Dios formó a Eva de la costilla de Adán para que también pudiera tener a alguien que colaborara con ella en su divino propósito de ejercer dominio.

Amado Padre, en la muerte, sepultura y resurrección de Cristo, Él preparó un lugar para que nos sentemos contigo y con Él en los lugares celestiales, que es donde se libra nuestra guerra espiritual. Gracias por el poder que nos das mediante la salvación, no solo en la eternidad, sino para poder librar una batalla espiritual victoriosa mientras estamos en la tierra. Nos has creado, hombre y mujer, con el propósito de ejercer dominio en las esferas de influencia donde nos has colocado. Como matrimonio, podemos llevar a cabo esa instrucción mejor de lo que podríamos hacerlo solos, porque estamos aquí para apoyarnos y ayudarnos el uno al otro.

Recuérdanos a cada uno quiénes somos en Cristo y dónde estamos sentados, pero también recuérdanos quién es nuestro cónyuge en Cristo y dónde está sentado. Esto afectará la forma en que nos hablamos entre nosotros y nos honramos el uno al otro, así como nuestra pasión y motivación para ayudarnos el uno al otro a cumplir nuestro propósito. En el nombre de Cristo. Amén.

La espada del Espíritu

Si permanecéis en mí, y mis palabras permanecen en vosotros, pedid todo lo que queréis, y os será hecho.

JUAN 15:7

Hay algunas esposas que reciben un regalo de aniversario cada año. Su esposo llega del trabajo, lleva a su esposa a cenar afuera, le entrega un estupendo regalo y festejan ese día en grande. Pero eso es todo. La esposa no vuelve a recibir de él expresiones de amor, afecto y aprecio durante el resto del año. No obstante, ella sabe que el próximo año en su aniversario y habrá otro estupendo regalo, una buena salida y algunas palabras amables.

¿Crees que esas esposas están satisfechas con esa relación? ¿O crees que con mucho gusto cambiarían ese día de aniversario anual por trescientos sesenta y cinco días de fidelidad y comunicación constante? Sin embargo, eso es lo que muchos de nosotros hacemos con Dios.

Señor, pasar tiempo juntos es una prioridad en nuestro matrimonio, y con toda razón. Sin embargo, pasar tiempo contigo en tu Palabra y tu presencia es fundamental si queremos tener un matrimonio victorioso y cumplir el propósito que has diseñado para nosotros. Ayúdanos, Padre, a que sea una prioridad permanecer en ti y en tu Palabra. Ayúdanos a hacer esto como pareja y también como individuos. No queremos quedar tan atrapados en la familia, las actividades y el servicio a ti y a los demás, que nos olvidemos de la importancia de pasar tiempo en tu presencia y en tu Palabra con regularidad.

Dices claramente que si permanecemos en ti y en tu Palabra, podemos pedir lo que queramos y tú lo harás. Tú nos llevarás al destino trazado para nosotros, nos satisfarás en nuestra vida matrimonial y nos permitirás cumplir con nuestro propósito como individuos y como pareja. La clave para vivir nuestro propósito se encuentra en permanecer en ti y en tu Palabra.

Tu Palabra ganará nuestras batallas. La espada del Espíritu revocará las mentiras del enemigo que nos incitan a abandonar el cumplimiento de tu plan. Tu Palabra nos dará sabiduría para evitar las distracciones de nuestra propia carne. Ayúdanos a pasar tiempo en tu Palabra con más frecuencia que ahora. Muéstranos distintas maneras creativas de hacerlo. Y te agradecemos de antemano por escuchar y contestar esta oración. En el nombre de Cristo. Amén.

4

PERDÓN

El cinturón de la verdad

[El amor] no hace nada indebido, no busca lo suyo, no se irrita, no guarda rencor.

1 Corintios 13:5

El perdón es, ante todo, una decisión. No comienza con una emoción. No se trata de cómo te sientes en un momento dado, sino de la decisión que has tomado de no dar crédito a una ofensa o un reproche contra un ofensor, aunque el ofensor seas tú o alguien a quien amas profundamente.

La mejor defensa bíblica para esta definición de perdón se encuentra en 1 Corintios 13, donde leemos sobre el amor. En el versículo 5 aprendemos que el amor «no guarda rencor». Esto no significa que el amor justifica lo que está mal, porque justificar lo malo no sería amor, sino un aval. Tampoco significa que el amor ignora lo que está mal, que lo disculpa o finge que no sucedió.

El amor no lleva la cuenta de las ofensas. Es similar a cómo Dios nos perdona. Él no olvida el pecado, pero no nos sigue pidiendo cuenta de nuestro pecado. No estamos en deuda con Él con la obligación de pagar algo que no podemos pagar.

Padre amado, ya he cargado demasiado tiempo el peso de la falta de perdón. Eso ha abrumado mi alma y me ha robado la fuerza y la alegría que me has hecho experimentar. He perdido horas y días en amargura al tratar de enfrentar el dolor de mi pasado y repasar tales hechos en mi cabeza. No quiero seguir viviendo así. Sé que está provocando un distanciamiento en mi relación contigo y roces en mi relación con mi cónyuge y conmigo mismo.

Te ruego que me acompañes a atravesar este proceso de liberación. Abre mi mente y mi corazón para que pueda entender tu verdad. Dame la voluntad de practicar los principios y el poder del perdón en mi relación con mi cónyuge. Permíteme volver a confiar, aunque no sienta que mi cónyuge es confiable. Ayúdame a ser como Sara en las Escrituras, que amaba y confiaba sin temor, porque había puesto su esperanza en ti. En el nombre de Cristo. Amén.

La coraza de justicia

Si confesamos nuestros pecados, él es fiel y justo para perdonar nuestros pecados, y limpiarnos de toda maldad.

1 JUAN 1:9

Cuando alguien te hace daño y decides no perdonarlo, lo encierras en una cárcel dentro de tu propio corazón. El problema es que tú también quedas encerrado allí. Para poder ser libre del encierro de la amargura y el resentimiento, debes dejar salir a esa persona también.

No permitas que el peso del ayer eche a perder tu hoy y tu mañana.

Amado Señor Jesús, decido confiar que estás obrando en secreto para mi bien y para tu gloria. No puedo hacer las dos cosas: decir que confío en ti y, a la vez, aferrarme a la falta de perdón. Tú has permitido esta situación o este patrón en mi matrimonio por una razón. Estoy recibiendo el beneficio de lo que estás haciendo, así que acepto el medio mediante el cual ha llegado ese beneficio.

Te ruego que me perdones por dudar de ti y por aferrarme a un espíritu de venganza, dolor y amargura. Concédeme tu gracia para que pueda perdonar sin reservas, y abre mis ojos para que pueda ver más allá de la superficie de mi vida a un nivel más profundo donde estás obrando de manera que todo sea para bien. Guarda mi relación conyugal de la contaminación de la duda, el miedo o el dolor. En cambio, dame la gracia de amar sin reservas. Así como me has perdonado por completo y me has amado sin restricción, ayúdame a manifestar y reflejar ese mismo perdón y amor hacia mi cónyuge. En el nombre de Cristo. Amén.

El calzado de la paz

Y cuando estéis orando, perdonad, si tenéis algo contra alguno, para que también vuestro Padre que está en los cielos os perdone a vosotros vuestras ofensas.

MARCOS 11:25

Cuando las heridas en nuestra alma y nuestra relación no se curan, se infectan y se ulceran. Y provocan un dolor adicional en otras áreas de nuestro matrimonio. Entonces, incluso el roce más leve sobre estas heridas por parte de tu cónyuge —aunque no haya sido con mala intención—, puede hacer que tengas una reacción que normalmente no tendrías. Puedes atacar, acusar, culpar, llorar o decir y hacer cosas que después lamentarás. Mientras tanto, la otra persona se sorprende por tal reacción exagerada. Para poder perdonar por completo, debes curar tus heridas, permitir que sanen y luego dejar de mirar tus cicatrices y concentrarte en tu nuevo comienzo.

Amado Señor, a veces siento que he perdonado a mi cónyuge, pero luego mis acciones o palabras revelan que todavía no lo he hecho. Gracias por ser paciente conmigo en este proceso y por recordarme que es un proceso. Gracias por abrir mis ojos para ver que mis palabras poco amables y mis reacciones exageradas a las cosas que hace mi cónyuge son el resultado de albergar dolor y falta de perdón. Quiero ser libre, Dios. Ayúdame cada día a dar pasos que me lleven a confiar más en ti y a dejar de lado el enojo y la amargura, la duda y la confusión que a veces plagan mis pensamientos. Libérame para disfrutar de la vida plena que has destinado para mí y los frutos que producen la manifestación de tu propósito en nuestro matrimonio. En el nombre de Cristo. Amén.

El escudo de la fe

Así que, arrepentíos y convertíos, para que sean borrados vuestros peca-dos; para que vengan de la presencia del Señor tiempos de refrigerio.

HECHOS 3:19

Tal vez tengas miedo de que lo que te sucedió te haya destruido o trastornado tanto que nunca recuperarás la esperanza, la alegría y el placer que una vez conociste como pareja. Tienes miedo de que algo que hayan hecho o dicho los haya confundido a los dos, les haya robado el futuro o la inocencia. El ayer es real. No digo que no lo sea. Lo que estoy diciendo es que no debes pensar tanto en lo que pasó ayer, que no vivas el hoy y, por lo tanto, opaques la luz de tu mañana.

Amado Dios, suceden cosas. Se cometen errores. Se dicen palabras impru-dentes. Se pierde la confianza. Hay traición. Y puede crecer la indiferencia. Todas estas cosas forman parte de la vida de personas caídas en un mundo caído. Cuando vivimos tan cerca de otra persona como lo hacemos en el matrimonio, tenemos más oportunidades de experimentar estas cosas. Con el tiempo, el rencor, el resentimiento y la confusión podrían crecer.

Dios, no quiero que esas cosas crezcan en mi corazón o en el corazón de mi cónyuge. A pesar de lo que sucedió, Señor, debemos perdonar. Tengo que ver a mi cónyuge en la pureza del amor que concede el perdón sin reservas. Si perdono los pecados y las ofensas de mi cónyuge, pueden venir de ti tiempos de refrigerio también. Enséñanos a los dos la importancia y el valor de vivir con el compromiso de un amor pleno que siempre busca perdonar, confiar y conceder tu gracia. En el nombre de Cristo. Amén.

El yelmo de la salvación

Porque si perdonáis a los hombres sus ofensas, os perdonará también a vosotros vuestro Padre celestial; mas si no perdonáis a los hombres sus ofensas, tampoco vuestro Padre os perdonará vuestras ofensas.

MATEO 6:14-15

Cuando no perdonas, le estás diciendo a Dios que no crees que Él tuvo un propósito con esa pena. Le estás diciendo que no confías en Él.

«Perdón» es una palabra hermosa cuando alguien te perdona. Pero es una palabra mucho más desafiante cuando tienes que perdonar a otro. Sin embargo, Dios nos ha perdonado una deuda que jamás podríamos haber pagado, y eso nos motiva a perdonar a los demás las pequeñas deudas que tienen con nosotros.

No puedes quemar un puente sobre el que luego tendrás que cruzar. No puedes vivir en un estado relacional sin perdón con un Dios santo, porque te niegas a perdonar a los que te han ofendido.

Señor, sé que el perdón que me has mostrado es el modelo que debo seguir con mi cónyuge. Eres sabio y omnisciente, y tienes una profunda compasión basada en tu conocimiento de todas las cosas. Dios, a veces no puedo ver más allá del dolor. No puedo ver más allá de la ofensa.

No puedo ver el propósito o más allá de las circunstancias, el incidente o las palabras poco amables. Señor, no conozco todas las cosas y, por lo tanto, el perdón debe ser en mí un acto de fe: la fe de que estás haciendo que todas las cosas redunden para bien de los que tú llamas y te aman. Perdonar a mi cónyuge es uno de los mayores actos de fe que puedo hacer, pero puedo descansar al saber que estoy a salvo y seguro en tu salvación. No solo tengo la salvación de la vida eterna, sino de mi mente, mi voluntad y mis emociones en esta vida diaria. Te ruego que te reveles a mí con tanta claridad, que pueda conocerte en lo más profundo de manera que confiar en ti en el área del perdón llegue a ser natural en mí. Concédeme tu gracia, Dios, y fortaléceme en tu poder redentor para que pueda amar sin reservas y perdonar por completo a mi cónyuge. En el nombre de Cristo. Amén.

La espada del Espíritu

Perdona ahora la iniquidad de este pueblo según la grandeza de tu misericordia, y como has perdonado a este pueblo desde Egipto hasta aquí. Entonces Jehová dijo: Yo lo he perdonado conforme a tu dicho. Mas tan ciertamente como vivo yo, y mi gloria llena toda la tierra.

NÚMEROS 14:19-21

Si no puedes perdonar unilateralmente, tú eres el rehén, no el ofensor. Se dice que la falta de perdón es como beber veneno y esperar que la otra persona se muera. Pero por supuesto, solo te estás envenenando a ti mismo. La amargura, el resentimiento y el enojo que se agitan dentro de ti envenenan tus pensamientos, toman control de tus emociones, te impiden cumplir tu destino y ponen en peligro tus relaciones.

No puedes cambiar lo que te sucedió, ni puedes cambiar a la persona que lo hizo. Solo puedes cambiar tú y tu respuesta al ofensor, de modo que es allí donde necesitas concentrarte.

Padre, tu Palabra me enseña no solo a perdonar sino también a interceder. Así como Moisés intercedió por el pueblo de Israel en el momento cuando más lo necesitaba, en este momento intercedo por mi cónyuge delante de ti. Dios, perdona a mi cónyuge por lo que ha hecho mal. Manifiesta tu amorosa bondad en su vida. Muestra tu misericordia y repara lo que se ha roto no solo en su vida, sino también en nuestro matrimonio.

No puedo perdonar con mis propias fuerzas, sin embargo, aun así necesito que le perdones. Permíteme ver tu perdón liberador por mi cónyuge, como un ejemplo de cómo quieres que yo también le perdone. En el nombre de Cristo. Amén.

5

ALIENTO

El cinturón de la verdad

Siguiendo la verdad en amor, crezcamos en todo en aquel que es la cabeza, esto es, Cristo.

EFESIOS 4:15

La mayoría de nosotros tiene a alguien que nos ha infundido aliento. Tal vez fue un padre, un maestro, un entrenador o un pastor. Pocas cosas son tan significativas como una palabra de aliento oportuna que nos anima y nos ayuda en los momentos difíciles.

Durante mis años de ministerio, he descubierto que una palabra de aliento puede ser edificante para una vida, pero una palabra de desaliento puede ser muy destructiva. Debes elegir las palabras que usarás cada día con las personas que conoces.

A la hora de animar a otros, siempre di la verdad. En cada situación, trata de conocer la verdad que infundirá vida al corazón de la otra persona.

Comienza hoy mismo el hábito de edificar la vida de las personas que conoces. Sé un agente alentador.

Amado Señor, las palabras de aliento son un precioso regalo cuando las recibimos. Son como las aguas que fluyen y bañan la tierra seca del desierto y dan vida y esperanza donde no había nada. He recibido aliento de ti y de los demás cuando lo necesité, y quiero alentar a mi cónyuge. Señor, siempre trato de animar a mi cónyuge, pero a veces siento que mis palabras están cayendo en oídos sordos. Ayúdame a no mirar la respuesta a mis palabras de ánimo como la motivación para alentar en el futuro. Ayúdame a confiar en que la verdad que declaro de una manera alentadora traerá vida. Gracias, Señor, por este regalo que puedo darle a mi cónyuge todos los días. En el nombre de Cristo. Amén.

La coraza de justicia

Exhortaos los unos a los otros cada día, entre tanto que se dice: Hoy; para que ninguno de vosotros se endurezca por el engaño del pecado.

HEBREOS 3:13

Cuando no necesites recibir aliento, ten en cuenta que una razón por la que estás en el cuerpo de Cristo es para animar a otros. Hazlo, porque tu día llegará. Las decepciones aparecen cuando menos te lo esperas. Se acercan furtivamente, por lo cual todos necesitamos un poco de aliento de vez en cuando.

¿Cómo puedes prepararte para recibir aliento cuando lo necesitas? Es simple: asegúrate de animar a otros cuando lo necesiten. Recuerda siempre el principio de «dar y recibir» de Lucas 6:38: «Dad, y *se* os dará». Puedes estar seguro de que todo lo que des también lo recibirás.

Padre, me encanta recibir aliento, y quiero poner en práctica el principio de Lucas 6:38 de «dar» —en este caso aliento— de manera más regular. Ayúdame a tener una mente abierta y un espíritu atento mientras busco distintas maneras de alentar a mi cónyuge. Dame pensamientos creativos para buscar maneras de alentar que realmente cumplan su cometido. Haz de infundir aliento una prioridad diaria para mí y ayúdame a ver las palabras de aliento como una manera de dar vida y alegría a mi cónyuge. Muéstrame qué cosas podría no estar valorando en la vida de mi cónyuge, pero por las cuales debería estar agradecido y motivar a mi cónyuge a seguir desarrollando esas cosas.

Y Señor, te pido que cuando tenga ganas de quejarme, me recuerdes que debo revertir la queja y, en cambio, dar palabras de aliento. Sé que la avaricia y la queja son pecados, Señor, por lo tanto, fortaléceme con gratitud y aliento para poder mantenerme firme contra los planes del diablo en mi matrimonio. En el nombre de Cristo. Amén.

El calzado de la paz

Animaos unos a otros, y edificaos unos a otros, así como lo hacéis.

1 TESALONICENSES 5:11

Cuando estás pasando por dificultades, necesitas que alguien se acerque a ti y te recuerde que hay esperanza. Necesitas escuchar una palabra que dirija tus pensamientos otra vez hacia Dios y su bondad. Tu cónyuge también lo necesita. Por eso siempre debemos tener en cuenta este precioso regalo que podemos hacernos al alentarnos mutuamente cuando más lo necesitamos.

Señor, cuando mi cónyuge esté pasando por un momento difícil y me lo cuente, ayúdame a no tomarlo como una duda o una queja. Sino, en cambio, que reconozca cómo se encuentra mi cónyuge en ese momento y le responda con aliento. Permite que las palabras de mi boca siempre sean esperanzadoras y de ayuda. Que la paz reine en nuestro matrimonio al cumplir tu mandato de animarnos y edificarnos unos a otros. Perdóname cuando hago lo contrario y destruyo a mi cónyuge con mis palabras. Ayúdame a no hacerlo más, sino a dar palabras que inspiren y eleven a mi cónyuge a un nuevo nivel de fe en ti. En el nombre de Cristo. Amén.

El escudo de la fe

Considerémonos unos a otros para estimularnos al amor y a las buenas obras; no dejando de congregarnos, como algunos tienen por costumbre, sino exhortándonos; y tanto más, cuanto veis que aquel día se acerca.

HEBREOS 10:24-25

Muchos creyentes en Jesucristo no logran cumplir las promesas de Dios en su vida porque retroceden en los tiempos de dificultades o carencias en lugar de acercarse con fe. En tiempos como estos, nos necesitamos mucho más. Así como un niño pequeño necesita a una madre que lo aliente continuamente a seguir intentando caminar aunque se caiga una y otra vez, nosotros también necesitamos el aliento en el cuerpo de Cristo. Necesitamos el recordatorio de que un día cumpliremos las promesas si no nos damos por vencidos.

La palabra «alentar» significa acercarse a alguien para ayudarlo, fortalecerlo o sostenerlo. ¿Cuándo alguien necesita ayuda, fortaleza o sostén? Cuando está deprimido, cuando está desanimado o cuando no le va bien en su vida. Ese es el momento crítico cuando necesitamos estar a su lado. Y cuando nosotros estamos desanimados, cuando no nos va bien en nuestra propia vida, necesitamos que los demás estén a nuestro lado para ayudarnos.

Amado Dios, deseo acercarme a mi cónyuge para ofrecerle ayuda, fortaleza y sostén, especialmente con mis palabras alentadoras. Quiero estar al lado de mi cónyuge no solo en los momentos difíciles, sino también como una presencia constante y alentadora. Adiestra mi mente a poner mis pensamientos en todo lo que es positivo y alentador. Ayúdame a aumentar exponencialmente las palabras de aliento que doy, Señor. Quiero que mi cónyuge se sienta completamente animado, y luego quiero ver lo que haces en su vida para tu gloria. Cuando dudo de los pensamientos de mi cónyuge, ayúdame a recurrir a ti en lugar de quejarme. Cuando cuestiono las decisiones de mi cónyuge, recuérdame la necesidad de confiar en ti y alentar a mi cónyuge a que te busque en todo momento. Gracias por recordarme esta virtud para que nuestro matrimonio sea fuerte y resista los ataques del diablo. En el nombre de Cristo. Amén.

El yelmo de la salvación

Cada uno de nosotros agrade a su prójimo en lo que es bueno, para edificación.

ROMANOS 15:2

La palabra correcta dicha en el momento correcto puede cambiar el rumbo de cualquier persona en la vida. De hecho, incluso puede volver a darle vida. Infundir aliento es como regar la tierra alrededor de una planta caída para darle vida otra vez. Por eso es esencial que estemos unidos.

Señor, te pido que no solo pueda animar con mis palabras, sino también con mis acciones. Veo que el aliento es fundamental para edificar la vida de mi cónyuge, por eso quiero comprometerme a hacerlo de manera sistemática. Tú le has dado a mi cónyuge excelentes habilidades y un propósito específico, y te pido que me uses para alentarle a hacer todo lo que has destinado para su vida.

Hazme un instrumento de bien, vida, salud y esperanza. Haz que las meditaciones de mi corazón sobre mi cónyuge reflejen este deseo de infundirle aliento. Perdóname cuando me quejo y pretendo anteponer mis propias necesidades. Recuérdame continuamente que el amor es el mejor regalo que puedo hacer en mi matrimonio, y con amor, tú harás cosas increíbles. Muéstrame el fruto de mi aliento en la vida de mi cónyuge. Y Señor, haz que él o ella también me infunda aliento. Gracias. En el nombre de Cristo. Amén.

La espada del Espíritu

Porque es necesario que el obispo sea... retenedor de la palabra fiel tal como ha sido enseñada, para que también pueda exhortar con sana enseñanza y convencer a los que contradicen.

Tito 1:7, 9

Necesitamos alentarnos unos a otros en un espíritu de amor y verdad (Efesios 4:15). La mejor manera de alentar a alguien con la verdad es con un pasaje apropiado de las Escrituras. Pablo dice en Romanos: «Porque las cosas que se escribieron antes, para nuestra enseñanza se escribieron, a fin de que por la paciencia y la consolación de las Escrituras, tengamos esperanza» (Romanos 15:4).

Al igual que una excelente porrista en un juego de fútbol americano está preparada y no solo está improvisando sobre la marcha, los buenos alentadores están familiarizados con la verdad de la Palabra de Dios y pueden aplicarla a la vida de otras personas. Pueden dar esperanza mediante «la consolación de las Escrituras». Ese es nuestro mejor recurso para infundir aliento duradero a otros.

Señor, quiero usar más tu Palabra en mi vida y en mi matrimonio. Dame más pasión y deseo de leer y estudiar tu Palabra regularmente. Ayúdanos a pasar tiempo juntos, como pareja, en tu Palabra y a ser constantes. Y muéstranos cómo beneficia esto nuestro matrimonio. Te pido que pueda memorizar tu Palabra para que quede guardada en mis pensamientos. Y, de esa manera, pueda aprovechar tu verdad rápidamente para infundir aliento a mi cónyuge en los momentos de necesidad.

Gracias por el regalo de tu verdad, un regalo que muchas veces no valoro como debería. Permite que los pensamientos de mi corazón estén completamente impregnados por tus palabras, porque me encanta conocer cada vez más tu Palabra y tu corazón. Permite que el espíritu de aliento bendiga nuestro matrimonio en todo lo que decimos y hacemos. En el nombre de Cristo. Amén.

6

SERVICIO

El cinturón de la verdad

Entonces él se sentó y llamó a los doce, y les dijo: Si alguno quiere ser el primero, será el postrero de todos, y el servidor de todos.

Servir es pensar en los demás y actuar en beneficio de ellos en el nombre de Cristo. El servicio comienza con una actitud humilde e incluye buscar activamente el bien de los demás. Te conviertes en un verdadero servidor cuando te acercas a otros y los ayudas a mejorar en su vida espiritual, física, emocional o circunstancial. Eres un servidor cuando tus acciones benefician la vida de otra persona.

Amado Señor, uno de los más altos llamamientos que nos has hecho es el de servir. Jesús nos dio el ejemplo de esto una y otra vez, incluso tomó un balde, una toalla y lavó los pies de sus discípulos. El servicio refleja el corazón de quién eres, Señor. Tú das sin condiciones. Me despiertas todos los días. Has creado esta tierra y todo lo que hay en ella, y nos sostienes porque eres la fuente de la vida. El servicio es tu manera normativa de ser.

Que esta verdad penetre hasta lo más profundo de mi alma. Mi servicio a mi cónyuge no debe estar motivado por el deseo de recibir algo a cambio. Si espero eso, mis acciones serían más parecidas a un negocio que a un servicio. El servicio busca hacerle bien a mi cónyuge y darte la gloria a ti. Señor, aumenta mi disposición a servir con más fidelidad y de una manera que verdaderamente beneficie la vida de mi cónyuge. En el nombre de Cristo. Amén.

La coraza de justicia

Porque por gracia sois salvos por medio de la fe; y esto no de vosotros, pues es don de Dios; no por obras, para que nadie se gloríe. Porque somos hechura suya, creados en Cristo Jesús para buenas obras, las cuales Dios preparó de antemano para que anduviésemos en ellas.

EFESIOS 2:8-10

Las «buenas obras» que se mencionan en este pasaje se refieren al servicio. Dios ha establecido y ordenado oportunidades para que sirvamos. Si nuestro Señor nos ha creado para realizar buenas obras de servicio, deberíamos estar entusiasmados por cumplirlas. No nos ha creado para realizar actos de bondad al azar. Por el contrario, debido a la muerte expiatoria de Cristo y la expiación de nuestros pecados, la gracia ha allanado el camino para el servicio. Servir es una de las formas más maravillosas y tangibles de agradecer a Dios por el regalo de su salvación.

Las cosas que Cristo logró para nosotros en la cruz —vida abundante en esta vida presente, así como en la vida eterna con Dios— deben ser las motivaciones para nuestro servicio. El corazón es el que impulsa las manos, la mentalidad es la que impulsa los movimientos.

Padre, has establecido una norma de justicia para servir a mi cónyuge. Te pido que ablandes mi corazón, disminuyas mi orgullo, abras mi mente y fortalezcas mis pies para servir como me has llamado a hacerlo. Antes de crearme, trazaste un camino para mi vida que incluía mi matrimonio. Me has dado dones y habilidades que pueden beneficiar a mi cónyuge. Úsalos al máximo, Señor, y perdóname cuando me interpongo en su uso. Guía mi corazón y mi mente hacia ti cuando me vuelvo egoísta y me niego a servir, y ayúdame a realizar las buenas obras para las cuales me has creado. En el nombre de Cristo. Amén.

El calzado de la paz

Dios es el que en vosotros produce así el querer como el hacer, por su buena voluntad.

FILIPENSES 2:13

El lienzo no le dice al pintor qué pintar. El barro no le dice al alfarero qué modelar. Sin embargo, muchos cristianos tratan de hacer que Dios los convierta en lo que ellos quieren ser en lugar de decir: «Dios, haz de mí lo que tú quieres que sea. Tú eres el pintor y yo soy el lienzo; tú eres el alfarero y yo soy el barro».

Jesús es nuestro ejemplo, y en Juan 4:34 dijo: «Mi alimento es hacer la voluntad del que me envió» (NVI). Su perspectiva es exactamente la opuesta a la de este mundo.

Cuando Dios te llama a servir, Él te da el deseo («el querer») y la habilidad («el hacer») para llevarlo a cabo. Dios dice: «Obraré en tu interior y cambiaré tu corazón. Solo tienes que hacer el trabajo externo. Sé obediente y escucha mi voz».

Señor, una de las fuentes potenciales de conflicto en nuestro hogar y nuestro matrimonio es el egoísmo. Cuando nuestro egoísmo triunfa sobre tu llamado a servir, el conflicto abunda. Me has dado instrucciones de usar el calzado de la paz para luchar contra el enemigo en la guerra espiritual. Ese calzado lleva la marca del servicio.

Quiero destacarme en esta área, Padre, así que hoy te pido que me muestres la manera práctica y tangible de servir a mi cónyuge. Que pueda tener más conciencia de las necesidades reales de mi cónyuge, ya sea con respecto a su salud, sus emociones, su confianza o su disfrute de la vida. Hazme una vasija de tu servicio para mi cónyuge, y dame gozo en el proceso. En el nombre de Cristo. Amén.

El escudo de la fe

Cada uno según el don que ha recibido, minístrelo a los otros, como buenos administradores de la multiforme gracia de Dios.

1 PEDRO 4:10

Cuando los atletas quieren fortalecer sus piernas, hacen un ejercicio llamado sentadilla. Se ponen pesas en los hombros, flexionan las rodillas y vuelven a enderezarse. Con cada flexión, sus piernas se vuelven más fuertes. ¿Quieres saber por qué tantos creyentes no son tan fuertes? Es porque muy pocos están dispuestos a ceder. Pocos están dispuestos a inclinarse y servir. No estamos dispuestos a cargar el peso de otra persona y servir sin esperar nada a cambio.

Dios nos llama a una vida de humildad y servicio. Para vivir su voluntad en nuestra vida, necesitamos doblegar nuestra voluntad, nuestros horarios, nuestros deseos, nuestras expectativas, etcétera, a fin de satisfacer las necesidades de otros. Al hacerlo, le daremos la gloria a Dios a la vez que fortaleceremos nuestra vida espiritual y nuestra fe.

Amado Dios, te pido que fortalezcas mis músculos de servicio. Dame la sabiduría y el conocimiento para saber cómo puedo servir a mi cónyuge, y luego dame la motivación para hacerlo. Por fe, aceptaré sinceramente este llamado al servicio, con la certeza de que te estoy complaciendo y estoy haciendo frente al enemigo mediante este acto de fe.

Señor, cuando sienta en mi corazón que mi cónyuge me está usando o se está aprovechando de mí, dame un recordatorio de tu amor y tu fidelidad. Recuérdame que mi cónyuge no recompensa mi obediencia a ti, Dios; tú lo haces. Eres la máxima motivación de todo lo que hago, de modo que ayúdame a mantener mis ojos en ti, no en mi cónyuge, para poder servirlo mejor, independientemente de lo que él o ella haga a cambio por mí. En el nombre de Cristo. Amén.

El yelmo de la salvación

Antes que te formase en el vientre te conocí, y antes que nacieses te santifiqué, te di por profeta a las naciones.

JEREMÍAS 1:5

La belleza del evangelio es que Dios nos dice a cada uno: «Tengo un plan y un propósito para ti». Jeremías 1:5 lo confirma: «Antes que te formase en el vientre te conocí, y antes que nacieses te santifiqué».

Dios ha pensado en nosotros, y ha preparado el camino para que tengamos comunión con Él. Dios pagó el precio mediante la muerte de Cristo en la cruz para que podamos ser salvos, pero eso es solo el comienzo de la aventura. Cuando le entregamos nuestra vida a Dios, estamos llamados a hacer buenas obras. Dios no te llevó al cielo el día que fuiste salvo, por lo tanto debe querer que cumplas un propósito divino aquí en la tierra. La verdad es que fuiste salvo para servir. Dios tiene una misión para ti.

Debemos entender que el día que le entregamos nuestro corazón a Cristo fue un «día de mudanza». Efesios 2:6 dice que Dios nos sentó en los lugares celestiales con Cristo Jesús. Nos ha mudado de una vida basada principalmente en el reino físico: el gusto, el tacto, la vista, la audición y el olfato, a una vida basada principalmente en el reino espiritual.

El enemigo hará todo lo posible para mantenerte enfocado en el reino físico. «Tú eres el centro del mundo. Lo único que importa eres tú. Asciende lo máximo que puedas. El que más oro tiene más gana». Sin embargo, cuando estamos «sentados en los lugares celestiales» con Cristo, vemos que somos llamados a los propósitos de Dios, y eso significa ver la vida con ojos de siervo.

Señor, una de las maneras más fáciles de que Satanás nos destruya a nosotros y a nuestro matrimonio es si quitamos nuestros ojos de Cristo y su sacrificio expiatorio y los ponemos en nosotros mismos. Satanás usará las cosas de este mundo para hacerlo: horarios repletos, interrupciones diarias, un mayor deseo de obtener ganancias materiales en lugar de recibir por gracia… hay miles de maneras de desviar nuestra mirada de los lugares celestiales al reino físico.

Ayúdame a buscarte con un corazón puro, Padre. Haz lo que sea necesario para recordarme que no soy de este mundo, que he hecho la transición al reino celestial, donde estoy sentado con Cristo. Ayúdame a ver toda la vida desde esta perspectiva eterna para que mis decisiones de servir provengan de un corazón sabio más que del deber. En el nombre de Cristo. Amén.

La espada del Espíritu

Sabiendo Jesús que el Padre le había dado todas las cosas en las manos, y que había salido de Dios, y a Dios iba, se levantó de la cena, y se quitó su manto, y tomando una toalla, se la ciñó. Luego puso agua en un lebrillo, y comenzó a lavar los pies de los discípulos, y a enjugarlos con la toalla con que estaba ceñido.

JUAN 13:3-5

Tal como lo había hecho en todo su ministerio terrenal, el Maestro se hizo siervo. El Creador se convirtió en un criado. Jesús tomó una toalla, un lebrillo y lavó los pies de los que en pocas horas lo traicionarían.

Este acto de servicio puede parecer extrañamente irrelevante en nuestro mundo, pero en la época de Cristo, lavar los pies de los invitados antes de la cena era una práctica común. Las personas usaban sandalias improvisadas y caminaban como medio de transporte en carreteras polvorientas, por lo que sus pies se ensuciaban rápidamente en el transcurso de la vida cotidiana. Por eso un sirviente a menudo se colocaba a la entrada de la casa, con un balde de agua y una toalla, para lavar los pies de la familia y los invitados que llegaban. Esta era una forma común de decir: «bienvenido».

Al arrodillarse y lavar los pies de sus discípulos, Jesús demostró cómo debe ser el servicio.

Debido a que Jesús conocía totalmente su propia libertad e importancia, pudo servir. Con demasiada frecuencia vacilamos en nuestra autoestima y, en consecuencia, buscamos posiciones de honor en lugar de oportunidades para servir. Sin embargo, Jesús nos muestra la clave del servicio: sus acciones estaban enraizadas en una identidad auténtica en Dios.

Señor, puede que lavar los pies de mi cónyuge hoy no sea un acto de servicio eficaz, pero el significado de lo que Jesús hizo aún sigue vigente. Jesús hizo lo que un criado de esa época y cultura hacía. Ayúdame a tener una actitud de servicio: ver qué cosas haría un criado y luego hacerlas por mi cónyuge. Quiero crecer en esta área de servicio porque cuanto más sirvo, más soy como Cristo. Fortalece mi resolución de servir con buena voluntad, constancia y fervor, no por lo que reciba a cambio, sino por el gozo que me espera. Quiero oírte decir: «Bien, buen siervo y fiel». En el nombre de Cristo. Amén.

7

COMUNICACIÓN

El cinturón de la verdad

Siguiendo la verdad en amor, crezcamos en todo en aquel que es la cabeza, esto es, Cristo.

EFESIOS 4:15

> Una razón por la que las familias se separan es la falta de sinceridad y la consiguiente falta de confianza. Las personas tienen miedo de decirse lo que realmente piensan y sienten. Temen ser vulnerables.

Amado Señor, te pido que me des la gracia y el valor de hablar sinceramente con mi cónyuge, incluso de aquellos temas que pueden producir roces. Te ruego que me ayudes a hablar con compasión y sazonar mis palabras con sal para que lo que diga llegue a su corazón. También permíteme encontrar el valor y la voluntad de mostrarme más vulnerable con mi cónyuge. Ayúdame a expresar mis propios miedos, inseguridades y emociones.

Que nuestro amor mutuo genere una atmósfera segura que promueva la comunicación sincera. Inspíranos a ofrecernos mutuamente la seguridad de que las palabras sinceras expresadas con amor son bienvenidas en nuestra relación. Ayúdanos a acercarnos el uno al otro y a ti para que podamos hablar con más franqueza y expresar nuestros pensamientos más íntimos.

Gracias por el regalo de mi cónyuge y el regalo que debo ser para mi cónyuge, especialmente en esta área. Permite que nuestra comunicación sea un componente fundamental de nuestro compromiso mutuo. En el nombre de Cristo. Amén.

La coraza de justicia

La boca del justo habla sabiduría,
Y su lengua habla justicia.

SALMOS 37:30

La mayoría de los problemas matrimoniales surge de una mala comunicación. Cuando una pareja viene a una cita de consejería y me dicen que pelean todo el tiempo, en realidad están diciendo que no se comunican bien. Una buena comunicación es fundamental para las relaciones duraderas y prósperas.

Padre, la buena comunicación es fundamental para mi matrimonio. Te ruego que predispongas nuestro corazón a una mayor comunicación entre nosotros. Permite que nuestra lengua hable tu justicia y tu sabiduría para que podamos actuar con imparcialidad y rectitud en cada situación.

Que las palabras que le digo a mi cónyuge edifiquen y no destruyan; que levanten y no derriben. Te pido que guíes e instruyas a mi cónyuge en su manera de hablarme también para que ambos logremos mejorar nuestra relación mediante nuestras palabras. En el nombre de Cristo. Amén.

El calzado de la paz

Ninguna palabra corrompida salga de vuestra boca, sino la que sea buena para la necesaria edificación, a fin de dar gracia a los oyentes.

EFESIOS 4:29

Minimiza el tiempo que dedicas a quejarte y mantén el flujo de comunicación abierto y continuo. Confronta las heridas y los malentendidos rápidamente, y luego disfrutarás más momentos de elogios, cumplidos y buenos recuerdos.

Señor, las quejas pueden dividir nuestra relación matrimonial. Sin embargo, hay momentos en que uno de los dos se siente herido, decepcionado o incomprendido. Te pido que nos recuerdes que debemos confrontar nuestras heridas, malentendidos y decepciones en el momento, rápidamente, para que no sigan estorbando y nos roben el tiempo que podríamos pasar disfrutando el uno del otro. Permítenos tener la confianza y la compostura para expresar estas cosas con sinceridad, amabilidad y amor. Y concédenos la comprensión y la gracia de reconocer cuándo hemos herido a nuestro cónyuge y necesitamos enmendar el daño.

Gracias porque tu Palabra nos recuerda que debemos usar nuestras palabras para edificar según la necesidad del momento. Usa nuestras palabras para darnos vida, orientación y aliento uno al otro. En el nombre de Cristo. Amén.

El escudo de la fe

Porque de cierto os digo que cualquiera que dijere a este monte: Quítate y échate en el mar, y no dudare en su corazón, sino creyere que será hecho lo que dice, lo que diga le será hecho.

MARCOS 11:23

Cuando la Palabra de Dios —su regla, sus pensamientos y su voluntad— sale de nuestra boca, estamos utilizando una fuente de poder que está más allá de nosotros. Accedemos y utilizamos la autoridad de Aquel que habló y creó los cielos y la tierra y ordenó que las olas del mar se calmaran. Su autoridad está disponible para ti y para mí si creemos que es verdad y hablamos directamente a cualquier montaña que enfrentemos. La solución a las montañas de tu vida está en tus palabras.

Amado Dios, los problemas en mi matrimonio pueden parecer montañas. A veces siento que no tienen solución: que son demasiado altas para cruzar, demasiado anchas para rodear y demasiado grandes para mover, pero nada es imposible contigo. Nos has dado una forma de manejar o resolver los problemas de nuestra vida cuando tenemos fe en ti.

Señor, fortalece mi fe con respecto a los problemas en mi matrimonio. Ayúdame a utilizar mi boca y mis palabras como armas contra el enemigo para poder dar palabras de vida, sanidad, esperanza, restauración y perdón en mi matrimonio. Permite que mis palabras sean usadas con el poder que tú deseas y que se fundamenten en tu verdad. Ayúdame a saber qué decir y qué creer para que mi matrimonio crezca y prospere. En el nombre de Cristo. Amén.

El yelmo de la salvación

En el principio era el Verbo, y el Verbo era con Dios, y el Verbo era Dios. Este era en el principio con Dios. Todas las cosas por él fueron hechas, y sin él nada de lo que ha sido hecho, fue hecho.

JUAN 1:1-3

Cuando Dios creó el mundo y dijo, por ejemplo: «Sea la luz», esas palabras no habrían tenido ningún peso sin su facultad de llevarlas a buen término. En realidad, Dios crea mediante sus palabras. Antes de verlo, Dios lo declaró. Y antes que Dios lo declarara, lo pensó. Las palabras son pensamientos hechos audibles. Dios lo pensó, lo declaró y lo hizo.

Pero como tú y yo no somos Dios, debemos comenzar con esta verdad: tener fe en Dios. Una vez que el deseo de nuestro corazón coincide con su perspectiva, lo que declaramos con fe puede ocurrir y, de hecho, ocurrirá. Este principio se repite una y otra vez en las Escrituras. Nuestras palabras tienen peso cuando están fundadas en la fe en la voluntad y el poder de Dios.

Señor, tú creaste el mundo con tus palabras. Tu comunicación lleva no solo el poder de la creación, sino también el poder de la salvación. El Cristo que en el principio estaba con Dios y por quien todas las cosas fueron creadas es el mismo Cristo que me dio salvación eterna mediante su sacrificio. En la cruz, Jesús se abstuvo de hablar con dureza a quienes lo condenaban. Solo habló palabras de vida y te pidió que los perdonaras.

Señor, permite que mi comunicación sea igual de creativa y redentora en mi matrimonio. Dame templanza cuando debería tener templanza. Dame compasión cuando debería tener compasión. Ayúdame a ofrecer el suave ungüento de la bondad en la comunicación, así como la fuerza poderosa y creativa de las palabras dichas como convienen. En el nombre de Cristo. Amén.

La espada del Espíritu

Pero teniendo el mismo espíritu de fe, conforme a lo que está escrito: Creí, por lo cual hablé, nosotros también creemos, por lo cual también hablamos.

2 Corintios 4:13

Satanás tentó a Jesús en el desierto en un momento vulnerable de su vida. Jesús estaba aislado de sus amigos, y estaba débil y hambriento por el ayuno. Él respondió a cada tentación del diablo con un estudio bíblico. Cuando el diablo lo tentó para convertir las piedras en pan, Cristo le respondió: «No sólo de pan vivirá el hombre, sino de toda palabra que sale de la boca de Dios» (Mateo 4:4). La Palabra de Dios, que sale de su boca, proporciona el sustento y el poder de la vida.

Cuando Jesús le respondió al diablo con la Palabra de Dios, el diablo tuvo que irse (Mateo 4:11). Hablar de la verdad de Dios en cada situación de la vida fuerza a Satanás a huir. Y todos sabemos que Satanás está detrás de cada problema que enfrentamos.

Señor, para usar tu Palabra contra el enemigo y contra las tentaciones de la vida, necesito conocerla. Te pido que desarrolles en mi cónyuge y en mí el deseo de conocer tu Palabra. Danos hambre de tu verdad. Ayúdanos a pasar más tiempo leyendo tus Escrituras y conociendo mejor tus atributos. Y que esas palabras estén en nuestros labios y en nuestra mente cada vez que el enemigo o nuestra carne nos tienten. Que sean un recordatorio de dónde está nuestro poder y nuestra autoridad. Contigo podemos resistir los planes de Satanás y desviar los dardos del diablo. Ayúdanos a permanecer unidos a tu Palabra, Señor, para que podamos usarla como un arma eficaz en la guerra espiritual, tal como lo hizo Jesús en el desierto. En el nombre de Cristo. Amén.

8

CRECIMIENTO ESPIRITUAL

El cinturón de la verdad

Creced en la gracia y el conocimiento de nuestro Señor y Salvador Jesucristo. A él sea gloria ahora y hasta el día de la eternidad. Amén.

2 PEDRO 3:18

Pedro nos exhortó a crecer en el conocimiento de Jesucristo. Tenemos su libro, la Palabra de Dios, que nos enseña, y el Espíritu Santo como nuestro Maestro. Tenemos todo lo que necesitamos para poner en práctica el ingrediente del conocimiento en nuestra vida.

Amado Señor, mientras más nos acerquemos a ti en nuestra vida individual, más podremos reflejarte a ti y tus atributos el uno al otro. El crecimiento espiritual es una parte sumamente esencial de la vida, y que podemos descuidar por el solo hecho de estar muy ocupados. Algunos lo denominan la tiranía de lo urgente.

Dios, te ruego que me recuerdes a lo largo del día la necesidad de pasar tiempo contigo en la lectura de tu Palabra, en oración, en adoración y en tu presencia. Te ruego que hagas lo mismo con mi cónyuge. Danos fuego y pasión por conocerte, no solo saber de ti, sino conocerte tanto que podamos discernir tu voz y tu consejo. Ayúdanos a tener una experiencia más completa e íntima de tu presencia, de tal modo que se desborde en nuestra relación unos con otros porque nuestro matrimonio existe para reflejar la unidad del Dios Trino y mostrar tus atributos a otros. En el nombre de Cristo. Amén.

La coraza de justicia

Bienaventurados los que tienen hambre y sed de justicia, porque ellos serán saciados.

MATEO 5:6

> Es demasiado fácil desviarse en el aspecto del crecimiento espiritual y buscar el conocimiento espiritual por sí mismo. Sin embargo, eso sería como si un marido tuviera consigo una caja llena de cartas de su esposa y se contentara con leerlas en lugar de utilizar lo que ellas revelan para profundizar en su relación con su mujer.

Padre, dices en tu Palabra que soy bienaventurado cuando tengo hambre y sed de justicia. Y dices que seré saciado. No necesito adivinar si saciarás mi hambre y me llenarás de tu bien. Tú has prometido hacer exactamente eso. De modo que si no estoy saciado, es porque no estoy anhelando tu justicia.

Perdóname por las veces que me he desviado y he atrofiado mi propio crecimiento espiritual a causa de la apatía, el ajetreo de la vida o los deseos de la carne. Quiero que nuestro matrimonio sea fuerte y, para que eso suceda, ambos necesitamos crecer espiritualmente. ¿Despertarás y desarrollarás en mi cónyuge y en mí hambre y sed de justicia? ¿Pondrás en nosotros convicción de pecado cuando vayamos tras los deseos de la carne? ¿Nos ayudarás a ser constantes en buscarte en nuestros momentos a solas contigo y juntos como pareja? Gracias por estas cosas y otras más. En el nombre de Cristo. Amén.

El calzado de la paz

Y éstos eran más nobles que los que estaban en Tesalónica, pues recibieron la palabra con toda solicitud, escudriñando cada día las Escrituras para ver si estas cosas eran así.

HECHOS 17:11

Alcanzar crecimiento espiritual es el proceso mediante el cual Dios nos capacita para vivir en concordancia con la perspectiva del Espíritu y no con la perspectiva de la carne. La madurez en Cristo incluye ver las cosas y reaccionar ante ellas desde una perspectiva espiritual, no mediante los ojos del hombre natural.

Dios quiere que lleguemos a ese estado de madurez, que vivamos como fuimos destinados a vivir.

Convertirse en un creyente maduro requiere tiempo. No llegamos a ser maduros de la noche a la mañana. Un bebé no da un salto y pasa a la adultez. La Biblia dice que madurar es un proceso.

Este proceso de maduración continuará por el resto de tu vida natural, pero puedes aprender a responder de manera consecuente a las cosas desde una perspectiva espiritual.

Señor, ser noble es recibir tu Palabra con solicitud y escrudiñar las Escrituras cada día. Es poner nuestros pensamientos en las cosas de arriba y no en las de la tierra.

Danos más anhelo de leer y entender tu Palabra. Abre nuestros ojos y nuestra mente a diversas herramientas de estudio que puedan ayudarnos a comprender el significado completo de lo que nos has dado a conocer mediante las Escrituras. Ayúdanos como pareja a no conformarnos con el solo hecho de asistir a la iglesia o pasar un breve tiempo devocional contigo. En cambio, disciplínanos para que leamos tu Palabra regularmente y la estudiemos a fin de comprenderla. Muéstranos cómo aprender directamente de tu Palabra en vez de esperar que otros nos enseñen.

Danos sabiduría para dedicar tiempo al estudio de tu Palabra juntos como pareja, y ayúdanos a aprovechar cada oportunidad de conversar de las cosas que estamos aprendiendo. Tú dices que estas personas nobles de Hechos escudriñaban las Escrituras diariamente. Ayúdanos a mi cónyuge y a mí a ser tan nobles como ellas, y a leer tu Palabra todos los días. En el nombre de Cristo. Amén.

El escudo de la fe

Dejando ya los rudimentos de la doctrina de Cristo, vamos adelante a la perfección; no echando otra vez el fundamento del arrepentimiento de obras muertas, de la fe en Dios.

HEBREOS 6:1

Para que la fe funcione, debemos practicarla. La fe no es solo creer que Dios puede hacer lo que dice; la fe es encomendarte a Dios para que Él pueda hacer su obra a través de ti.

No permitas que las circunstancias te desvíen de la fe. Aunque las cosas parezcan no estar bien, no dejes de creer en Dios. No permitas que la duda te desvíe. Cuando la duda te atormenta, díselo a Jesús, como el hombre que le dijo: «¡Sí, creo, pero ayúdame a superar mi incredulidad!» (Marcos 9:24, NTV), y Jesús sanó a su hijo.

Cree en Dios y su Palabra. Él está contigo y a tu favor.

Amado Dios, creo que mi cónyuge y yo podemos llegar a ser espiritualmente maduros en nuestra fe, pero Padre, por favor, ayuda mi incredulidad. Ayúdame cuando dudo o cuando me comparo a mí o a mi cónyuge con otras personas que parecen mucho más maduras. Ayúdame a no mirar atrás en mi vida y pensar que debería haber logrado más de lo que he logrado hasta ahora. No quiero quedar atrapado en el «caso hipotético» de qué hubiera pasado si esto o aquello. Hoy es un nuevo día, y por eso te estoy pidiendo ahora mismo que aumentes nuestra fe y nuestra madurez espiritual.

Juntos decidimos avanzar hacia la madurez en nuestra fe en ti. Y si uno o ambos retrocedemos, ven a buscarnos, Dios. Ven a levantarnos y ponernos de nuevo en el camino hacia la madurez y el crecimiento. Danos un corazón deseoso de animarnos el uno al otro a crecer, en lugar de tener un espíritu que critique o se queje cuando vemos las fallas de cada uno.

Has mostrado tu gracia y paciencia en mi crecimiento espiritual, por eso te ruego que la misma gracia y paciencia fluyan a través de mí hacia mi cónyuge. En el nombre de Cristo. Amén.

El yelmo de la salvación

Porque la gracia de Dios se ha manifestado para salvación a todos los hombres, enseñándonos que, renunciando a la impiedad y a los deseos mundanos, vivamos en este siglo sobria, justa y piadosamente, aguardando la esperanza bienaventurada y la manifestación gloriosa de nuestro gran Dios y Salvador Jesucristo, quien se dio a sí mismo por nosotros para redimirnos de toda iniquidad y purificar para sí un pueblo propio, celoso de buenas obras.

Tito 2:11-14

Nuestro objetivo es conocer a Cristo, no solo saber de Él. Muchos pueden darte información y detalles de la vida de su estrella o celebridad deportiva favorita. Sin embargo, hay una gran diferencia entre tener ese tipo de conocimiento de una persona y que tal persona te invite a cenar como buenos amigos.

Señor, tu gracia se ha manifestado y nos ha traído tu salvación a todos, incluso a mi cónyuge y a mí. Tu gracia me enseña a vivir rectamente y a honrar tu sacrificio por mí en la cruz. Vivir con la mente puesta en la bendita esperanza y la manifestación gloriosa de Dios y de Jesucristo me alienta a crecer espiritualmente. Me insta a tener celo por hacer buenas obras por otros, incluido mi cónyuge.

Tengo la certeza de que la salvación que Cristo compró para mí y mi cónyuge en la cruz nunca nos será arrebatada. Sin embargo, sigo adelante en vista de este gran regalo con el deseo de una mayor y más profunda intimidad contigo. Señor, quiero conocerte más. Quiero saber qué te deleita. Ayúdame a conocerte más. Ayúdanos como pareja a conocerte más. En el nombre de Cristo. Amén.

La espada del Espíritu

Porque la palabra de Dios es viva y eficaz, y más cortante que toda espada de dos filos; y penetra hasta partir el alma y el espíritu, las coyunturas y los tuétanos, y discierne los pensamientos y las intenciones del corazón.

Hebreos 4:12

Una espada de dos filos corta por ambos lados, lo que significa que corta en ambos sentidos. La Palabra de Dios es tan aguda e incisiva que puede traspasar la parte más profunda de nuestro ser. El alma es tu personalidad, la parte de ti que te hace quien eres. El espíritu se refiere a la nueva naturaleza que Dios colocó en ti en el momento de la salvación. La Palabra puede juzgar cosas de nuestra vida incluso cuando estamos tan complicados o confundidos que nuestros sentidos no pueden discernir entre el bien y el mal.

En otras palabras, el Espíritu Santo puede usar las Escrituras para ayudarte a juzgar las cosas que no puedes discernir por ti mismo. Si estás listo para cultivar más hambre por las Escrituras, encontrarás todo el alimento que necesitas.

Señor, tu Palabra es el mayor bien que tiene mi matrimonio. Es capaz de llegar a la parte más profunda de mi cónyuge y de mí. Puede eliminar la maldad donde ni siquiera podemos verla y sacar a la luz la verdad. Tu Palabra debe estar en mis pensamientos, en mis labios y en mi corazón para que funcione como debería. Si dejo la Biblia en un estante, no puedo usarla para experimentar la victoria que deseo en mi vida y mi matrimonio.

Decido comprometerme a conocer y memorizar tu Palabra regularmente. Ayúdame a encontrar la mejor manera de hacerlo, basado en mi agenda, mi estilo de aprendizaje personal y los pasajes específicos de las Escrituras que sabes que más necesito. Permite que mi compromiso sea un ejemplo para mi cónyuge, que lo anime a hacer lo mismo.

Confío en que usarás tu Palabra para lograr todo lo que quieres hacer en mi propio corazón, en el corazón de mi cónyuge y en nuestra relación. En el nombre de Cristo. Amén.

9

GUERRA ESPIRITUAL

El cinturón de la verdad

Ninguna arma forjada contra ti prosperará, y condenarás toda lengua que se levante contra ti en juicio. Esta es la herencia de los siervos de Jehová, y su salvación de mí vendrá, dijo Jehová.

ISAÍAS 54:17

Todo lo que haces interactúa con la realidad invisible de los ángeles. Desdichadamente, tenemos que enfrentar el hecho de que Satanás también tiene fuerzas que trabajan en el mundo. Tienen una capacidad limitada para realizar actos lamentables en nuestra vida, pero Dios es soberano. Nada de lo que hace el enemigo puede cambiar el curso de nuestra vida una vez que hemos llegado a los caminos de Dios.

A veces sentirás que estás en una guerra espiritual en todos los frentes de tu vida, pero debes recordar que no estás solo (2 Crónicas 20). Dios lucha por ti. Tu responsabilidad es creer en Él y su cuidado eterno.

Amado Señor, a veces reacciono mal cuando me atacan. Dudo que vayas a reparar el daño que me han hecho o que hagas justicia, entonces tomo el asunto en mis propias manos. No quiero seguir haciendo eso. Quiero mantenerme firme en la fe de la verdad de tu Palabra, que si estoy sometido a ti, me darás la herencia que me corresponde. Le darás a nuestro matrimonio la herencia que nos corresponde. No permitirás que alguna arma forjada contra nosotros o contra nuestro matrimonio prospere. Nosotros la hacemos prosperar cuando tomamos el asunto en nuestras propias manos. ¡Pero no más! Esa antigua costumbre pertenece al pasado, y decido poner mi confianza en ti y en la verdad de tus promesas. Me darás tu salvación, y guardarás nuestro matrimonio en santidad, justicia y paz. En el nombre de Cristo. Amén.

La coraza de justicia

Someteos, pues, a Dios; resistid al diablo, y huirá de vosotros.

SANTIAGO 4:7

A veces la guerra espiritual está destinada a ser una prueba para validar tu victoria en Cristo. La tentación es el intento de Satanás de derrotarte en tu vida espiritual. Irónicamente, la prueba y la tentación pueden tratarse de un mismo hecho. Dios puede usar algo —una circunstancia, una situación, un problema— como una prueba, aunque Satanás lo esté usando como una tentación.

Tu respuesta a ese hecho puede ser un testimonio del poder de Dios. Satanás trabaja para desacreditar tu testimonio y deshonrar a Dios, pero recuerda que Cristo tiene toda autoridad sobre Satanás, de modo que puedes tener la victoria sobre cada lucha y tentación que enfrentes.

La próxima vez que te sientas tentado, acude a Dios en oración. Fortalécete en Él. Llena tu corazón y tu mente de sus palabras, salmos y cánticos espirituales. Confiesa la sangre de Cristo sobre tu situación. Haz estas cosas y verás a Dios manifestar su poder en lo que alguna vez pensaste que era una batalla perdida.

Jesús, ya has ganado esta batalla. Ya has pasado por el dolor, la traición, la muerte y la resurrección indispensable para garantizar mi victoria sobre Satanás. Mi sumisión y sometimiento a ti hacen huir al diablo. Mantienen alejada de mí la tentación.

Por ello te pido que mi cónyuge y yo vivamos sometidos humildemente a tu autoridad sobre nuestra vida. Permite que nuestras palabras, nuestros pensamientos y nuestras acciones se ajusten a tu voluntad. Danos la gracia de la humildad para buscarte a ti y tu guía en todo lo que hagamos. Cuando tenemos intimidad contigo, Satanás tiene que huir. Muéstranos cómo rendirte honor al someternos a ti en nuestro propio corazón y en nuestra relación con los demás. Sé que eso te traerá gozo a ti y deleite a nosotros. En el nombre de Cristo. Amén.

El calzado de la paz

Los que esperan a Jehová tendrán nuevas fuerzas; levantarán alas como las águilas; correrán, y no se cansarán; caminarán, y no se fatigarán.

ISAÍAS 40:31

Cultivar una perspectiva piadosa sobre la guerra espiritual y nuestras circunstancias físicas no es natural en nosotros. Sin embargo, algo que nos puede ayudar es la gratitud. Agradecer a Dios por su gracia y su bondad en vez de quejarnos de nuestras pérdidas requiere gran cantidad de energía y persistencia. Necesitamos desarrollar la costumbre de pensar en la gracia de Dios en todo momento.

La vida del creyente debería caracterizarse por una actitud de acción de gracias. La ingratitud es la marca del diablo. Satanás susurra a nuestros oídos para hacernos pensar que Dios nos priva de cosas buenas, pero Dios quiere que miremos lo que nos ha dado sin escatimar. «El que no escatimó ni a su propio Hijo, sino que lo entregó por todos nosotros, ¿cómo no nos dará también con él todas las cosas?» (Romanos 8:32). Tenemos mucho que agradecer.

Señor, qué fácil es quedar atrapado en la negatividad de la vida. La negatividad, las quejas y el miedo impregnan nuestra cultura. Escuchar las noticias, ver las redes sociales, hablar con amigos, conversar con mi cónyuge… la negatividad puede venir mediante una variedad de formas. Satanás usa de manera sutil esta negatividad para condicionar mis pensamientos a las dificultades que enfrento en mi matrimonio. Sin embargo, tú dices que si espero en ti, me darás nuevas fuerzas. Dices que me das todas las cosas sin escatimar, incluidas las respuestas a mis oraciones por mi matrimonio.

Padre, decido dirigir mis pensamientos hacia la gratitud y el bien con respecto a mi cónyuge, porque la gratitud batalla contra el enemigo. Cultiva en cada una de nuestras vidas una perspectiva piadosa de todas las cosas. Danos un espíritu de gratitud para que nuestro corazón esté lleno de paz. Redirige nuestros pensamientos y nuestras palabras de tal manera que expresemos agradecimiento mutuo en lugar de condenación o quejas.

En este momento te doy gracias por mi cónyuge y por mi matrimonio. Te alabo y te agradezco por el regalo de mi matrimonio y por el bien que estás haciendo en él y por medio de él. En el nombre de Cristo. Amén.

El escudo de la fe

Sed sobrios, y velad; porque vuestro adversario el diablo, como león rugiente, anda alrededor buscando a quien devorar; al cual resistid firmes en la fe, sabiendo que los mismos padecimientos se van cumpliendo en vuestros hermanos en todo el mundo. Mas el Dios de toda gracia, que nos llamó a su gloria eterna en Jesucristo, después que hayáis padecido un poco de tiempo, él mismo os perfeccione, afirme, fortalezca y establezca.

1 PEDRO 5:8-10

Antes de levantarte por la mañana, asegúrate de reclamar la armadura de Dios como tu protección. Sus ángeles están trabajando a tu alrededor, pero cuando te vistes para la batalla con el cinturón de la verdad, la coraza de justicia, el calzado de la paz, el escudo de la fe, el yelmo de la salvación y la espada del Espíritu, que es el Palabra de Dios, el trabajo de ellos se hace más fácil y eficaz.

Amado Dios, gracias por la fe y por enseñarme a usarla como un arma. La fe puede hacer que el diablo huya. Dices en tu Palabra que cuando resistimos al diablo y nos mantenemos firmes en la fe, tú nos haces fuertes. Te pido que me des fe. Oro por la fe de mi cónyuge. Danos fe como pareja.

Es muy fácil distraernos con la vida, ya sea el trabajo, la familia, el entretenimiento, la comida, las emociones... lo que sea. Confieso que es difícil estar continuamente alerta a los planes de Satanás, por eso te pido que nos ayudes a estar firmes en nuestra fe. Cuando nuestra fe es firme, no podemos ser derrotados por cada asechanza del diablo y cada rugido de su boca.

Fortalece nuestra fe como pareja, Señor. En el nombre de Cristo. Amén.

El yelmo de la salvación

Pero fiel es el Señor, que os afirmará y guardará del mal.

2 TESALONICENSES 3:3

Ya que eres un vencedor, siempre ten en cuenta esta verdad: no estás peleando *para obtener* la victoria, sino *desde una posición de* victoria. Cristo ya ha obtenido la victoria para ti, y te ofrece esta victoria mediante la armadura de Dios. La victoria es tuya cuando estás bien vestido para la guerra espiritual.

Señor, tú eres fiel. Nos fortalecerás y nos guardarás del mal a mi cónyuge y a mí. Confío en tu poder y tu gracia salvadora. Perdóname por olvidar que estoy peleando *desde* una posición de victoria en lugar de pelear *por* una posición de victoria. La victoria sobre el maligno ha sido ganada para mí y mi matrimonio en la cruz cuando Jesús murió y nos dio la salvación.

Gracias por la vida poderosa y redentora de Jesucristo que no solo nos da vida eterna, sino también fortaleza y protección en el aquí y ahora. ¿Me recordarás esta verdad cuando me veas apartarme de ella? ¿Me ayudarás a mantener mis pensamientos en tus caminos? Confío en tu fidelidad y me deleito en tu amor. Con el poder de la sangre de Cristo derramada en la cruz, reprendo al maligno y sus intentos de dividir, destruir y devorar mi matrimonio. En el nombre de Cristo. Amén.

La espada del Espíritu

No con ejército, ni con fuerza, sino con mi Espíritu, ha dicho Jehová de los ejércitos.

ZACARÍAS 4:6

Cuando el diablo tentó a Jesús en el desierto, le dijo: «Si eres Hijo de Dios, di que estas piedras se conviertan en pan» (Mateo 4:3). Le presentó una tentación física para satisfacer el deseo físico de comer. Sin embargo, Jesús resistió la tentación confesando la Palabra de Dios, citando directamente Deuteronomio 8. Jesús conocía las Escrituras tan bien que podía emplearla para resistir la tentación que el diablo le estaba ofreciendo. Jesús confió en Dios y se mantuvo firme en la autoridad de su Palabra.

Tú debes hacer lo mismo. Cuando acudes a tu Salvador Jesucristo y te afirmas en la Palabra de Dios, la victoria es tuya.

Señor, la victoria en mi matrimonio debe venir del poder de tu Espíritu. Declaro tu Palabra sobre mi relación, que no es con ejército ni con fuerza, sino con tu Espíritu que experimentaremos todo lo que tienes para nosotros, incluida la victoria sobre el enemigo. Dios, manifiesta el poder de tu Espíritu en mi relación conyugal, incluso ahora mismo. Permíteme tener una vislumbre de la obra que estás haciendo para suplir las necesidades que tengo en mi matrimonio. A fin de cuentas, no es con fuerza sino con tu Espíritu, por lo tanto, en el nombre de Cristo oro por una gran ola de tu Espíritu sobre mi matrimonio.

No sucumbiré a las mentiras del enemigo, que busca sembrar división, resentimiento, desconfianza y apatía en mi matrimonio. En el poder de tu Espíritu, esas mentiras son destruidas. Las reemplazo con la verdad de tu Palabra, que dice que el amor siempre confía, siempre espera, siempre permanece y siempre cree. Mi matrimonio está hecho de este amor: un amor basado en la autoridad de tu Palabra y en el poder de tu Espíritu. Satanás no tiene lugar en mi corazón ni en mi mente, porque he puesto mis pensamientos en las cosas de arriba, me he alineado bajo la verdad de tu Palabra y he puesto mi esperanza en ti.

Tu Palabra me dice que los que esperan en ti no serán avergonzados. Declaro esta verdad sobre mi matrimonio, mi cónyuge y mi propio corazón en este momento. Decido confiar en ti y creer que acrecentarás la intimidad, el respeto, la admiración y el amor mutuo en mi relación con mi cónyuge. En el nombre de Cristo. Amén.

10

SANIDAD

El cinturón de la verdad

Cercano está Jehová a los quebrantados de corazón;
Y salva a los contritos de espíritu.

SALMOS 34:18

Cada uno de nosotros atravesamos situaciones que parecen ser mucho más de lo que podemos soportar. Sin embargo, si nuestras expectativas están puestas en Jesucristo y en su cuidado providencial, no debemos inquietamos ante el pensamiento de pasar por un tiempo de prueba. De hecho, tenemos la esperanza de su consuelo incluso en las situaciones que no parecen tener esperanza. Si sientes que estás en una circunstancia terrible, quédate quieto delante del Señor. Búscalo en oración y espera a que su voluntad se desarrolle ante ti. No te precipites; Él vendrá a ti.

Amado Señor, tú estás cerca de los quebrantados de corazón, y salvas a los contritos de espíritu. Hoy me consuelo en esta verdad, Padre, y te pido que me manifiestes tu cercanía de maneras que pueda percibir fácilmente. Creo que estás cerca, porque tu Palabra así lo dice, pero

Señor, ayúdame a ser consciente de tu cercanía. Ayúdame a sentir tu presencia. Ayúdame a absorber el ungüento sanador de tu amor. Padre, no quiero sentir este dolor por mi matrimonio, pero lo siento. No quiero vivir bajo el peso de un espíritu contrito, pero así vivo. Tu Palabra dice que una caña quebrada no se romperá. Señor, he estado quebrado. Tal vez se deba a mi propio pecado en mi matrimonio o quizá al de mi cónyuge. La causa no importa. Lo que importa es la sanidad que debe ocurrir. En nosotros dos.

Hazte cercano a los dos. Restaura en nosotros un espíritu de confianza, deleite y gozo. El dolor suele apagar esas emociones en cualquier relación, pero necesitamos esas emociones para poder experimentar plenamente la intimidad y el amor en nuestra relación, porque el amor está basado en la confianza. Sánanos, Señor, como tú puedes hacerlo. En el nombre de Cristo. Amén.

La coraza de justicia

Por esto, mis amados hermanos, todo hombre sea pronto para oír, tardo para hablar, tardo para airarse.

SANTIAGO 1:19

Cuando te entregas a Cristo y eliges la obediencia en lugar de las heridas y el dolor, Dios toma las circunstancias negativas de tu vida y obra de manera que su nombre sea glorificado y tú obtengas una nueva sensación de paz y esperanza. La parte de atrás de cada tapiz contiene cientos de hilos y nudos. Sin embargo, el frente es una hermosa obra de arte. Así es como Dios ve tu vida y cómo tú debes verla también: tú eres su obra maestra, y Él nunca se dará por vencido contigo.

Padre, ser pronto para oír, tardo para hablar y tardo para airarse no siempre es tan natural en nosotros. Si lo fuera, no experimentaríamos heridas y dolor en nuestro matrimonio. Quiero obedecerte en esta área, pero a veces mis emociones se alteran. Por eso, en este momento, te pido que sanes mis emociones y las emociones de mi cónyuge para que podamos obedecerte más y mejor. Ayúdanos a escucharnos atentamente el uno al otro y oír la voz de tu Espíritu. Ayúdanos a perdonarnos verdaderamente el uno al otro. Ayúdanos a ser rectos con nuestras palabras, nuestro tiempo y nuestra atención. A cultivar nuestra relación de tal modo que venga tu sanidad. Muéstrame lo que puedo hacer para ayudar a mi cónyuge a sanar las heridas que he permitido o he causado. Y muéstrale a mi cónyuge lo que puede hacer para ayudarme a sanar también. Ayúdanos a conocer mutuamente nuestro corazón de modo tal que podamos hablar palabras sanadoras de manera eficaz y constante al espíritu del otro. Evita que las heridas del pasado provoquen más dolor en el presente. Ayúdanos a olvidar el pasado, con la certeza de que tienes poder para restaurar por completo nuestra unión cuando confiamos con todas nuestras fuerzas en tu cuidado y nos alineamos bajo tu verdad y tu rectitud. En el nombre de Cristo. Amén.

El calzado de la paz

Yo… os ruego que andéis… con toda humildad y mansedumbre, soportándoos con paciencia los unos a los otros en amor.

EFESIOS 4:1-2

Desde el comienzo de los tiempos, la pregunta que ha llenado el corazón y la mente de los seres humanos es: ¿por qué Dios nos permite sufrir? No tendremos una respuesta absoluta a esta pregunta hasta que estemos en su presencia, pero sí sabemos que el sufrimiento nos enseña varias cosas. En primer lugar, Dios puede usar cualquier tipo de sufrimiento para llevarnos a una relación más íntima con Él. En segundo lugar, el sufrimiento nos enseña a ser sensibles al sufrimiento de los que nos rodean. En tercer lugar, el sufrimiento nos enseña paciencia y tolerancia, especialmente al acercamos más a Cristo mediante la lectura de su Palabra.

Señor, la humildad y la mansedumbre producen paz dondequiera que estas moran. Lo mismo sucede con la paciencia, la tolerancia y el amor. Sin embargo, el dolor y el sufrimiento a menudo levantan paredes en nuestro corazón que nos impiden crecer en esas virtudes. Señor, que no sea así en nuestro matrimonio.

Te entrego el dolor y el sufrimiento que hemos experimentado con la confianza de que los usarás para bien y no permitirás que el enemigo los use para mal. Permite que nos acerquen a ti en nuestro corazón y nuestra mente. Permite que nos enseñen a ser más sensibles el uno con el otro, a consolarnos uno al otro y a evitar que nos hagamos más daños innecesarios. Además, permite que nuestro dolor y nuestro sufrimiento nos enseñen paciencia y tolerancia a medida que nos acercamos a Cristo y profundizamos en tu Palabra. En el nombre de Cristo. Amén.

El escudo de la fe

Mi carne y mi corazón desfallecen; mas la roca de mi corazón y mi porción es Dios para siempre.

SALMOS 73:26

> Demasiadas personas están atadas al pasado. Están encadenadas a sus errores o malas decisiones del pasado. Recuerda que siempre debes aprender del ayer, pero nunca vivir en el ayer. Más bien, permite que Dios te muestre el nuevo y prometedor mañana que tiene en el horizonte para ti cuando te rindas por completo a Él.

Amado Dios, ayúdame a dejar el pasado y cambiarlo por una esperanza prometedora de un maravilloso futuro con mi cónyuge. Ayúdame a dejar de lado las cosas que han sucedido y que han causado distancia entre nosotros.

A veces siento que no tengo más fuerzas para esperar, Señor, pero tú me recuerdas en tu Palabra que aunque mi carne y mi corazón pueden desfallecer, tú eres la fortaleza de mi corazón y mi porción para siempre. Necesito que seas esa fortaleza en mí en este momento. Dame fe, esperanza y perdón que sanen las heridas del ayer. Muéstrame hacia dónde orientar mis pensamientos de manera que te complazcan y traigan sanidad a mi relación con mi cónyuge. Dame sabiduría para saber qué debo hacer, decir y creer para que mis heridas sanen. Sana las heridas de mi cónyuge también.

No soy el único que ha sido herido en esta relación. Dale a mi cónyuge la gracia para perdonar, la fe para confiar y un deseo cada vez mayor por mí. Sorpréndenos a los dos con la dimensión de tu sanidad y el amor que nos tenemos el uno al otro. En el nombre de Cristo. Amén.

El yelmo de la salvación

Antes sed benignos unos con otros, misericordiosos, perdonándoos unos a otros, como Dios también os perdonó a vosotros en Cristo.

Efesios 4:32

La mayoría de nosotros cree que el perdón es una buena idea hasta que tenemos que perdonar. Perdonar no significa aprobar una injusticia o excusar una mala acción. La palabra griega traducida *perdón* significa, literalmente, «liberar». Perdón es la decisión de liberar a una persona de la obligación de pagar por un error cometido. En los tiempos del Nuevo Testamento, esta palabra se usaba para cancelar una deuda.

¿Por qué nuestro corazón se resiste a perdonar lo que alguien nos hizo? Porque hay una cuenta pendiente de pago. Insistimos en que se nos pague, pero pasan los años y el ofensor no paga su deuda. Sin embargo, Dios dice que debemos perdonarnos unos a otros, porque Él pagó la deuda más grande —nuestra deuda por el pecado—

con su propio Hijo. Si podemos ser los receptores de semejante perdón, tenemos que aprender a conceder el perdón a otros. Cuando lo hacemos, descubrimos que nosotros mismos hemos sido liberados.

Señor, necesito perdonar de verdad. No solo en mi mente, sino también en mi corazón. Quiero ser bondadoso y amable con mi cónyuge, pero necesito sanidad para poder resucitar esas emociones. ¿Puedes recordarme que debo perdonar y seguir recordándomelo hasta que finalmente lo haga? ¿Puedes seguir insistiendo en que perdone hasta que finalmente lo haga? ¿Puedes hacer lo mismo con mi cónyuge para que también me perdone?

Te pido que la amabilidad vuelva a ser una constante en nuestra relación. Que podamos ser bondadosos uno con el otro. Que podamos tratarnos así todos los días. Sé que puedes hacerlo. Por eso te lo pido. El Dios que resucitó a Jesús de entre los muertos puede despertar la amabilidad y la bondad en mi matrimonio y reavivar un amor profundo basado en la confianza, la pureza y la paz. En el nombre de Cristo. Amén

La espada del Espíritu

[El amor] todo lo sufre, todo lo cree, todo lo espera, todo lo soporta.

1 Corintios 13:7

La mayoría de los errores que cometemos son producto de responder a nuestros sentimientos. Los sentimientos son muy reales, pero la pregunta es: ¿son sentimientos correctos o incorrectos? Si asistes a una película de terror por la noche, es posible que tengas problemas para dormir debido a los sentimientos de temor que la película provoque en ti. Esto sucede a pesar de que ni los personajes ni los hechos de la película eran reales. Ya sea que la fuente de los sentimientos sea real o no, a menudo tiene poco que ver con la forma en que reaccionamos a nuestros sentimientos.

A medida que creces en tu vida cristiana, evalúa tus sentimientos a la luz de la verdad revelada de la Palabra de Dios. Ajusta tus acciones conforme a la verdad en lugar de responder a tus sentimientos y encontrarás paz, calma y una vida de sabiduría estable.

Señor, anhelo amar como tu Palabra nos enseña. Anhelo ser amado de esa manera también. Con demasiada frecuencia, los sentimientos nos impiden vivir la definición de amor que encontramos en 1 Corintios 13. Por eso vengo a ti en oración en este momento. Vengo a ti para pedirte que nos des a ambos tu sabiduría, que es mucho mejor que nuestras emociones. Te pido que nos des templanza cuando tenemos sentimientos dolorosos. Señor, te pido que sanes las heridas que pueden crear aún más heridas entre nosotros. Une la brecha que nuestro dolor ha causado y llénala de amor.

Me comprometo a sufrirlo todo, creerlo todo, esperarlo todo y soportarlo todo. Me comprometo a amar a mi cónyuge con el amor que viene de arriba. Te pido que también trabajes en la vida de mi cónyuge para que pueda hacer el mismo compromiso. Ayúdanos a manifestar realmente —no solo entre nosotros, sino a otros— el poder del amor bíblico: el poder de sanar, restaurar y empezar de nuevo. En el nombre de Cristo. Amén.

11

CONFLICTO

El cinturón de la verdad

Mirad por vosotros mismos. Si tu hermano pecare contra ti, repréndele; y si se arrepintiere, perdónale.

LUCAS 17:3

¿Cuántas veces hemos pensado que perdonamos a alguien pero nunca pudimos olvidar la ofensa? Aunque podríamos haber tratado de olvidar lo que sucedió, nuestros esfuerzos fracasaron. El hecho de que recordemos lo sucedido no es necesariamente un problema.

Sin embargo, si nos duele recordar lo que nos sucedió, quizá aún no hemos perdonado. El problema no es que lo recordemos, sino que el recuerdo despierte en nosotros sentimientos de enojo y amargura. Esta es una advertencia que nos indica que debemos perdonar para poder ser libres de la esclavitud de tales sentimientos.

Amado Señor, una de las causas principales de conflicto en mi matrimonio se debe a no poder perdonar. Cargar con la falta de perdón —ya sea por algo que mi cónyuge me haya hecho o que yo le haya hecho— crea una atmósfera de resentimiento, sensibilidad y desconfianza. Este tipo de atmósfera es un caldo de cultivo para que el conflicto crezca hasta no poder encontrar un momento de paz en nuestro matrimonio.

Señor, comienza conmigo. Decido perdonar a mi cónyuge por las cosas hirientes que me ha hecho y por las cosas buenas que no ha hecho. También decido perdonarme por los errores que he cometido en nuestro matrimonio. La verdad de tu Palabra es clara: debo tener cuidado y perdonar. Si mi cónyuge se arrepiente, mucho mejor. Sin embargo, así como Cristo me ha mostrado en la cruz, debo perdonar a mi cónyuge aunque no se arrepienta, y luego dejar el resultado en tus manos.

El perdón es muy difícil de practicar, porque siento que estoy renunciando a mis derechos, mi control e incluso, a veces, a mi dignidad. Ayúdame a descansar en mi identidad en Cristo y a estar seguro de que mis derechos como hijo del Rey, mi dignidad y tu control de mi vida están intactos, incluso cuando perdono. Te amo, Señor. En el nombre de Cristo. Amén.

La coraza de justicia

Finalmente, sed todos de un mismo sentir, compasivos, amándoos fraternalmente, misericordiosos, amigables; no devolviendo mal por mal, ni maldición por maldición, sino por el contrario, bendiciendo, sabiendo que fuisteis llamados para que heredaseis bendición. Porque:

> *El que quiere amar la vida*
> *Y ver días buenos,*
> *Refrene su lengua de mal,*
> *Y sus labios no hablen engaño;*
> *Apártese del mal, y haga el bien;*
> *Busque la paz, y sígala.*

1 PEDRO 3:8-11

Muchas veces, Dios nos permite enfrentar grandes dificultades o conflictos en nuestro matrimonio, no para herirnos o llevarnos a perder la esperanza, sino para enseñarnos a acudir a Él y suplicar su ayuda. Nunca olvides que Él es omnisciente y conoce todas nuestras circunstancias.

David escribió el salmo veintitrés como un estandarte de esperanza. Es una promesa que puedes reclamar cada vez que te sientas desesperado frente al conflicto. También es un testimonio de lo que Dios hizo por David y lo que hará por ti. Cuando los problemas de la vida se caldeen y tu alma se seque de sed, Dios te refrescará y te llevará junto a sus aguas de reposo.

David nunca estuvo libre de problemas. Pasó años escapando del rey Saúl, que resultó ser un loco decidido a destruir a David. La angustia, la pérdida, la separación de los miembros de la familia y un profundo dolor fueron elementos clave para la fe de David. Y en Hechos 13:22, Dios se refiere a él como un hombre «conforme a mi corazón».

¿Eres un hombre o una mujer con un corazón para Dios? Si siempre estás corriendo sin parar, es hora de que te detengas y te relajes. Permite que Dios te dé un trago fresco de su agua eterna. Entonces tu corazón experimentará la paz.

Padre, tu palabra es clara y directa. Podemos resolver el conflicto y evitar que se desborde si decidimos conscientemente buscar la paz y seguirla. Quiero ver días buenos en mi matrimonio y amar la vida con mi cónyuge, así que te doy gracias porque me has mostrado que eso es posible. Nos has instruido a ser de un mismo sentir, compasivos, amorosos, misericordiosos, amigables y humildes. Todos estos atributos se combinan para calmar el caos y evitar el conflicto en nuestra relación. Desarrolla estas virtudes en mi propio corazón y en el de mi cónyuge. Y cuando las cosas vayan mal, danos sabiduría y disciplina para acudir a ti y suplicar tu ayuda en lugar de discutir, rezongar y quejarnos el uno del otro. En el nombre de Cristo. Amén.

El calzado de la paz

Bienaventurados los pacificadores, porque ellos serán llamados hijos de Dios.

MATEO 5:9

Las Escrituras enseñan que si siembras, cosecharás, y la cosecha dependerá de *qué* siembres y *cuánto* siembres. Una vez que determines lo que quieres cosechar, sabrás lo que necesitas sembrar. Si estás buscando manifestaciones sobrenaturales y espectaculares de Dios, no has de sembrar semillas comunes y corrientes.

Señor, deseo la paz en mi matrimonio, por eso quiero cumplir la verdad de tu Palabra que dice que mi cosecha depende de lo que siembre. Ayúdame a sembrar la paz en mi propia alma, en mi vida y en la de mi cónyuge. No me refiero a sufrir en silencio el conflicto o que nunca tengamos diferencias, sino que mi espíritu rebose de paz y comprensión. Cuando hay desacuerdos y ofensas, permite que en nuestra conversación reine la paz en lugar de tensión e ira. Muéstrame cómo establecer el modelo de paz en nuestra relación y ayuda a mi cónyuge a sentirse más cerca a mí en la medida que lo experimente.

Las bendiciones son nuestras cuando buscamos la paz, porque tu Palabra lo afirma. Somos tus hijos, y como tales, la bendición de tu poder, tu presencia y tu paz nos pertenecen. Reclamo estas bendiciones en mi matrimonio y te pido que nos ayudes a vivir con una mentalidad que honre la paz. En el nombre de Cristo. Amén.

El escudo de la fe

Mirad bien, no sea que alguno deje de alcanzar la gracia de Dios; que brotando alguna raíz de amargura, os estorbe, y por ella muchos sean contaminados.

HEBREOS 12:15

¿Cómo puedes ser libre de la amargura? Por medio de la fe, Dios puede usar todas las cosas para tu bien. Jesús dijo que cualquiera que tenga fe del tamaño de un grano de mostaza podría mover una montaña y traspasarla al mar. La amargura es nada menos que una montaña. Como lo es el conflicto. Sin embargo, la fe puede contrarrestar ambas cosas.

Ten en cuenta que el poder de la fe no se basa en lo que tú eres; sino simplemente en quién es Dios. Tu fe es tan grande como el Dios en el que crees. Como David frente al gigante, a veces Dios te permite atravesar un problema más grande que la vida misma para poder mostrarte su solución más grande que Goliat. Mantén tus ojos en Él y persevera en la fe. Él es fiel.

Amado Dios, te ruego que sanes nuestro corazón y te lleves la amargura que se acumula en nuestra alma. Te ruego que restaures nuestra vida como pareja, para que realmente podamos estrechar nuestra relación y disfrutarnos plenamente. Dios, el pasado tiene una forma de levantarse en los momentos más inoportunos y robarnos la alegría que deseamos en nuestro matrimonio. Señor, te pido que pongas un cerco de protección alrededor de nuestro corazón, nuestra mente y nuestra vida, y que nos ayudes a dejar el pasado en el pasado y a mantener nuestros ojos enfocados en el futuro.

El conflicto llega cuando dejamos que las cosas se desborden en lugar de vivir en paz, confianza y amor, tal como tú quieres que vivamos. Te ruego, Dios, por mí y por mi cónyuge para que mantengas nuestro corazón encendido de amor no solo por ti, sino también del uno por el otro. Recuérdanos el amor que una vez ardía en nosotros. Recuérdanos las cosas que en un principio nos unían. Dios, enséñanos y muéstranos cómo volver a deleitarnos el uno al otro, como una manera de evitar conflictos innecesarios. Y cuando surja un conflicto real y debamos abordarlo, ayúdanos a manejarlo con madurez y paciencia y a darnos la oportunidad de expresar cómo nos sentimos y escucharnos uno al otro con sabiduría y el deseo de buscar una solución. En el nombre de Cristo. Amén.

El yelmo de la salvación

Airaos, pero no pequéis; no se ponga el sol sobre vuestro enojo.

EFESIOS 4:26

Pablo nos exhorta a tener la mente de Cristo, la mente que ve la obediencia a Dios como lo más importante. Por amor, Jesús vino a la tierra para ser un siervo y obedecer el plan del Padre, incluso hasta la muerte y la separación de Dios. Cuando sudó gotas de sangre en el huerto y oró para que la copa de la muerte en la cruz pasara de Él, pidió que se hiciera la voluntad del Padre. Y se sometió a la voluntad de Dios en obediencia con la confianza de que el plan de su Padre era el mejor.

Señor, decido confiar que tu plan es el mejor, a pesar de cómo pueden parecer las cosas en mi relación matrimonial. No todos los días serán color de rosa, por lo tanto, cuando surja un conflicto, ayúdame a mantener mi mirada fija en ti y no en el conflicto. En un espíritu de fe, mediante el don que Cristo me concedió en la cruz, quiero honrarte en mi respuesta al conflicto.

Decido ponerme a disposición de mi cónyuge para hablar lo que necesitamos hablar. Decido escuchar con atención lo que realmente me está diciendo. Te pido sabiduría para discernir la raíz causante del conflicto. Te pido dominio propio para no dejarme llevar por los problemas que surgen, sino más bien centrarme solo en la raíz causante y permitir que los problemas se resuelvan a medida que tratemos con la raíz.

Señor, a veces la ira ciega mis emociones, por eso te pido que nos cubras a mi cónyuge y a mí con la sangre de Jesucristo. Bajo esa cobertura, envía a tus ángeles a batallar a favor de nosotros en nuestras emociones y circunstancias. Permite que nuestro matrimonio te traiga gozo y logre el propósito por el cual nos has unido. Te ruego, Dios, que nos permitas ser un ejemplo de cómo es un matrimonio piadoso y bíblico. En el nombre de Cristo. Amén.

La espada del Espíritu

Cuando los caminos del hombre son agradables a Jehová,
Aun a sus enemigos hace estar en paz con él.

PROVERBIOS 16:7

Las personas dicen en broma que podríamos ser realmente felices si no fuera por los demás. Las personas tienen la manía de arruinar nuestra vida. El problema es que tú y yo también somos personas, y donde sea que vayamos nos encontraremos aún con más personas.

El esclavo Onésimo descubrió que cuando escapas de algunas personas, te encuentras con otras (Filemón 10-11). ¿Comprendes lo que estoy diciendo? Cambias de trabajo para alejarte de las personas problemáticas y te topas con otras personas conflictivas en tu nuevo trabajo.

Los seres humanos estamos por todas partes, por lo tanto, es mejor que aprendamos a relacionarnos entre nosotros. Gracias a Dios, tenemos su Palabra que nos guía. Las relaciones interpersonales es uno de los temas más importantes en la Biblia, particularmente en las cartas de Pablo a las iglesias donde se codeaban todo tipo de personas.

Filemón era una persona importante en la iglesia de Colosas. Tenía un esclavo llamado Onésimo que le robó dinero y escapó. El castigo para un esclavo fugitivo en el Imperio romano era la muerte. Sin embargo, Pablo instó a Filemón a perdonar a Onésimo y a reconciliarse con él como un hermano.

¿Alguna vez alguien te ofendió o te lastimó? Dios dice en su Palabra que puedes perdonar a otros por amor a Jesucristo y por el perdón que Dios te otorgó mediante su muerte en la cruz.

Señor, hay momentos que siento como si mi cónyuge y yo fuéramos enemigos. Sé que no es cierto, pero las cosas dan esa impresión. Sin embargo, dices en tu Palabra que cuando los caminos de una persona te agradan, incluso a sus enemigos haces estar en paz con ella. Por lo tanto, la forma de resolver el conflicto en mi matrimonio comienza conmigo. Empieza con mi propia decisión de vivir una vida que te agrade. En primer lugar, eso significa que debo amar conforme a tu patrón bíblico del amor. Necesito perdonar conforme a tu mandato de perdonar. Necesito decir palabras que te agraden y tener pensamientos que te deleiten.

Pedirte que intervengas y resuelvas mis conflictos matrimoniales sin la disposición a dejar que obres primero en mi vida no es productivo. Has dejado en claro lo que tengo que hacer para agradarte. Continúa dándome sabiduría sobre cómo hacerlo.

Señor, te entrego cualquier sentimiento negativo que tengo hacia mi cónyuge. Te entrego mi ira, mi dolor, mi desilusión, mi resentimiento, mis celos y otras cosas más. Por favor, toma estas cosas. Decido confiar en ti, que sabes qué hacer con ellas mejor que yo. Gracias, Dios. En el nombre de Cristo. Amén.

12

INTIMIDAD SEXUAL

El cinturón de la verdad

Yo soy de mi amado, y mi amado es mío;
Él apacienta entre los lirios.

CANTARES 6:3

El Cantar de los Cantares contiene la narración más desinhibida de la Biblia sobre la intimidad sexual en el matrimonio. El capítulo 4 describe en detalle la progresión de la intimidad, y la belleza de este cuadro es la entrega mutua de sus cuerpos entre Salomón y su esposa.

Amado Señor, bendice nuestra intimidad sexual y concédenos un profundo deseo y satisfacción mutuos. Le entrego mi cuerpo y todo lo que soy a mi cónyuge para su placer y disfrute. Y asimismo espero con ansias disfrutar de su cuerpo.

Nos has dado una hermosa ilustración de la intimidad sexual en el libro de Cantares. Escribe otra bella ilustración de este precioso regalo mediante mi matrimonio. Aviva nuestro deseo mutuo y ayúdanos a conocer la mejor manera de complacernos sexualmente. Danos la gracia para comunicarnos nuestras propias necesidades y escuchar lo que la otra persona necesita, y ayúdanos a responder en consecuencia. Gracias por darnos la belleza del sexo. Haz que sea un placer puro en todos los sentidos. En el nombre de Cristo. Amén.

La coraza de justicia

Honroso sea en todos el matrimonio, y el lecho sin mancilla; pero a los fornicarios y a los adúlteros los juzgará Dios.

HEBREOS 13:4

Cuando pecamos, la consecuencia es la separación de Dios. Cuando pecamos, cortamos la comunión con Dios. Pablo nos dio a conocer su lucha contra el pecado en Romanos 7:19: «Porque no hago el bien que quiero, sino el mal que no quiero, eso hago».

Pablo quería que supiéramos que entendía nuestra lucha contra el pecado y la tentación. Él también quería tener la victoria, pero caía en pecado una y otra vez. Y si le pasó a Pablo, nos puede pasar a nosotros. Sin embargo, hay una solución para la lucha contra la tentación.

La manera de librarnos del pecado no es simplemente lidiar con él o enfocarnos en el pecado en sí. Eso sería como estar a dieta y pensar en la comida todo el tiempo, no funcionará.

En cambio, para enfrentar la tentación debemos cambiar nuestro enfoque. En lugar de mantener nuestros ojos en el pecado, necesitamos poner nuestra mirada en el Salvador. Al mirarlo a Él y no a nuestra experiencia de Romanos 7, encontramos la libertad de vencer.

No mires a tu pecado. Mira a tu Salvador.

Padre, mantén nuestros ojos, nuestro corazón, nuestra mente y nuestros pensamientos uno en el otro y en nuestro matrimonio, no en las tentaciones que aparecen en el trabajo, nuestras amistades, la televisión, la pornografía o cualquier otro lugar. Te pido que ambos estemos tan satisfechos el uno con el otro, que no demos lugar a las tentaciones.

También te pido que me ayudes a seguir siendo atrayente para mi cónyuge. Dame sabiduría sobre cómo cuidar mi cuerpo de tal manera que agrade a mi cónyuge. Muéstrame qué es lo que más le gusta a mi cónyuge en el área de la sexualidad y ayúdanos a descubrir un placer profundo en esta maravillosa forma de comunicarnos y amarnos el uno al otro. En el nombre de Cristo. Amén.

El calzado de la paz

Su izquierda esté debajo de mi cabeza,
Y su derecha me abrace.

CANTARES 2:6

> Lo que necesita una mujer comienza por la mañana y no por la noche. Lo que una mujer necesita comienza en la cocina y no en el dormitorio. Lo que una mujer necesita comienza con sus emociones y no con su cuerpo. Cuando algunos maridos dicen que quieren satisfacer las necesidades de su esposa, están hablando de algo muy distinto a lo que su esposa entiende con esa frase.
>
> Si un esposo realmente toma en serio la satisfacción de las necesidades de su esposa, hablará más con ella, la elogiará más. La manera de cortejarla y mostrarle su amor será no tener otra cosa en su mente que una expresión de cariño hacia ella.

Señor, ayúdanos como pareja casada a continuar cultivando nuestro romance siempre. El sexo sin romance es simplemente una acción, una actividad de desahogo. Sin embargo, el romance trae consigo un nivel de unidad y disfrute en nuestra vida sexual que lo hace aún más deseable.

Te pido que me permitas dedicarme plena y regularmente a mi cónyuge en las áreas de la estima, el servicio, la edificación y más. Y alienta a mi cónyuge a hacer lo mismo conmigo. Que nuestra relación sexual sea una consecuencia natural de nuestra vida diaria. Que sea algo que a menudo nos traiga una inmensa alegría. Bendice nuestra intimidad física para que seamos atraídos el uno al otro con una pasión tan profunda y romántica, que disfrutemos plenamente y maximicemos este regalo que nos has dado. En el nombre de Cristo. Amén.

El escudo de la fe

Como panal de miel destilan tus labios, oh esposa;
Miel y leche hay debajo de tu lengua;
Y el olor de tus vestidos como el olor del Líbano.

CANTARES 4:11

La intimidad registrada para nosotros en el Cantar de los Cantares comienza con galanteos y palabras de admiración y aprecio de Salomón por su esposa, no con el acto físico del sexo. Sin embargo, cuando ocurre el momento de la intimidad, Dios mismo invita a los amantes a disfrutar el uno del otro. Cuando este acto de intimidad ocurre dentro del matrimonio, Dios lo bendice. De hecho, Dios cree tanto en este acto de intimidad conyugal que lo registró, detalle por detalle, en la Biblia.

Amado Dios, la atracción y el deseo registrados para nosotros en el libro de Cantares es un relato profundo. Interviene más que solo la intimidad física. Abarca el diálogo, el deseo, la seducción, la galantería, la espera y varios otros aspectos de la relación entre estas dos personas.

Te pido que derrames tales emociones, pensamientos y experiencias sobre mi matrimonio. Enciende una chispa que haga arder el fuego de la intimidad sexual en mi relación conyugal. Llena mi mente con pensamientos sobre mi cónyuge y llena su mente con pensamientos sobre mí. Aviva nuestro deseo mutuo y nuestra satisfacción mutua. Danos la experiencia plena de este amor compartido. Llénanos con fe en ti para hacer todo esto y más en nuestro matrimonio. En el nombre de Cristo. Amén.

El yelmo de la salvación

Su paladar, dulcísimo, y todo él codiciable.
Tal es mi amado, tal es mi amigo,
Oh doncellas de Jerusalén.

CANTARES 5:16

El sexo nunca fue diseñado para que sea solo un mecanismo de satisfacción biológica. No fue diseñado solo para abordar el problema de los niveles altos de testosterona o de las hormonas descontroladas. Dios creó el sexo no solo para inaugurar un pacto, sino para renovarlo.

Lo más cercano al sexo en la Biblia, como corolario del pacto, son el bautismo y la Santa Cena. El bautismo es el acto público inicial que realizas ante testigos para validar el deseo de casarte con Jesucristo. Y la Santa Cena es la acción continua —no importa con qué frecuencia la tomes— que renueva ese compromiso con el pacto.

Señor, gracias por el amor abnegado y redentor de Jesucristo y el pacto de salvación. Gracias por mostrarnos cómo es realmente el amor sacrificial. Ayúdame a reflejar ese amor a mi cónyuge e ir más allá de lo que pueda sentir en un momento dado para poder satisfacer verdaderamente las necesidades de mi cónyuge, ya sean emocionales o físicas. Así como yo descanso en Cristo, que mi cónyuge pueda descansar y confiar totalmente en mí en el área de la sexualidad. Aleja cualquier temor de inmoralidad, desinterés o rechazo. Danos confianza el uno al otro y paz entre nosotros que honre nuestra unión sexual y el pacto matrimonial en todos los sentidos. En el nombre de Cristo. Amén.

La espada del Espíritu

Por tanto, dejará el hombre a su padre y a su madre, y se unirá a su mujer, y serán una sola carne.

GÉNESIS 2:24

La palabra hebrea utilizada la primera vez que las Escrituras hablan de la intimidad sexual es la palabra *yada*. Esta es la misma palabra que se usa para describir que los ojos de Adán y Eva se abrieron y «supieron» que estaban desnudos. También es la misma palabra que usamos cuando leemos: «Y dijo Jehová Dios: He aquí el hombre es como uno de nosotros, *sabiendo* el bien y el mal» (Génesis 3:22).

La palabra *yada* no es una palabra que se refiere a las partes del cuerpo o a una actividad física. En todas las definiciones de la palabra *yada*, que aparece más de mil veces en el Antiguo Testamento, significa conocer a alguien, darse a conocer, revelarse y conocer por experiencia. Indica sondear las profundidades de la realidad de otra persona, o incluso sondear las profundidades de la realidad de Dios mismo.

Señor, gracias por hacerme una sola carne con mi cónyuge. Gracias por darnos el regalo del sexo como una expresión de ser una sola carne. Ayúdanos a explorar todas las formas de poder beneficiarnos de esta dádiva. Abre nuestro corazón y nuestra mente a la creatividad y el amor del uno para con el otro. Ayúdanos a descubrir maneras nuevas de expresar nuestro amor mutuo. Muéstranos cómo encontrar tiempo en medio de nuestras agendas llenas para satisfacernos mutuamente. Aviva nuestro interés y deseo y ayúdanos a conocernos a un nivel más íntimo y profundo. Tú eres el Creador de todas las cosas buenas, y nos has dado algo hermoso en la intimidad sexual. Gracias por permitirnos disfrutar este placer en nuestro matrimonio y, de esta manera, conocernos hasta en lo más íntimo. En el nombre de Cristo. Amén.

13

BENDICIÓN

El cinturón de la verdad

Toda buena dádiva y todo don perfecto desciende de lo alto, del Padre de las luces, en el cual no hay mudanza, ni sombra de variación.

SANTIAGO 1:17

Lo que te parece una puerta cerrada podría ser el camino de Dios hacia la bendición. Lo que parece ser una pesadilla puede convertirse en tu sueño para tu matrimonio. Y la que podría ser la peor noticia que recibas, en realidad puede ser el momento de un nuevo comienzo. Esto se debe a que sea lo que sea que Dios permita que afecte tu vida es parte de su plan para tu futuro.

Es fácil pensar en la bondad de Dios de una manera intrascendente cuando todo parece ir bien en tu relación y tienes un buen trabajo, salud, una familia en crecimiento, dos autos nuevos en el garaje y una casa con varios dormitorios. La vida parece rica y plena. Pero si nunca aprendes a darle las «gracias» al Señor, independientemente de tus circunstancias, no has aprendido la verdad de Santiago 1:17.

Amado Señor, toda buena dádiva y todo don perfecto desciende de ti. Viene de ti directamente a nosotros. No hay pecado ni engaño en ti. No hay argucia, impedimento o acusación. Jesucristo ha pagado el precio de toda condenación, y estamos escondidos en Él mediante la cobertura de su sangre.

Basado en esta verdad, Padre, con valentía te pido que bendigas mi matrimonio. Te ruego que nos des todas las buenas dádivas que tienes para nosotros. Te pido que derrames tus bendiciones, no solo unas gotas, sino una lluvia torrencial. Derrama sobre nosotros tus bendiciones y tu favor, Señor. Y que eso comience con un espíritu sometido a ti. Con una relación que se goce mutuamente en ti. Bendícenos de verdad. Pon tu mano de gracia sobre nosotros y ensancha nuestros límites, Señor. Por amor a tu nombre. En el nombre de Cristo. Amén.

La coraza de justicia

Porque sol y escudo es Jehová Dios;
Gracia y gloria dará Jehová.
No quitará el bien a los que andan en integridad.

Salmos 84:11

La vida de Cristo en nosotros es la fuente de nuestra esperanza. Las fortalezas emocionales —enojo, culpa, vergüenza, depresión, amargura, desaliento, frustración, inferioridad, baja autoestima y cosas como estas— mantienen a muchos cristianos cautivos. En muchos casos, hemos olvidado que la misericordia de Dios para nosotros es gratuita. De hecho, en su gracia —su favor inmerecido—, Él nos coloca cara a cara con la cruz, donde recibimos la libertad de cada una de estas fortalezas.

¿Qué tiene esto que ver con las fortalezas emocionales? *Todo.* Cuando amas a Dios con todo tu corazón, quieres agradarle y vivir solo para Él. No habrá espacio para la amargura, el enojo o el desaliento en tu corazón, porque sabes que estas emociones son contraproducentes para la vida que Dios quiere para ti, una vida abundante que rebose de sus bendiciones.

Padre, tú eres sol y escudo. Tú das gracia y gloria. No les niegas nada bueno a quienes andan en integridad. Mira desde el cielo mi matrimonio, Dios, y reemplaza todo lo negativo por tu bien. Reemplaza la duda por confianza. Reemplaza la amargura por afecto. Reemplaza el enojo por amor. Reemplaza la apatía por atracción.

Tú eres el Dios que haces milagros, por eso te pido con fe que nos bendigas continuamente con tus buenas dádivas. Estas pueden incluir cosas que disfrutemos o vacaciones que tomemos, pero Señor, las cosas realmente importantes de la vida son el contentamiento, la satisfacción, la dicha, la felicidad y la paz. También lo es el propósito, Señor. Danos estas cosas con tal abundancia que nos maravillemos de lo que has hecho. Derrama tu bondad sobre nosotros y nuestro matrimonio, bendícenos y ayúdanos a caminar en integridad contigo. En el nombre de Cristo. Amén.

El calzado de la paz

Jehová te bendiga, y te guarde;
Jehová haga resplandecer su rostro sobre ti, y tenga de ti misericordia;
Jehová alce sobre ti su rostro, y ponga en ti paz.

NÚMEROS 6:24-26

¿Qué bendiciones te da Dios cuando lo honras? La palabra *bendición* hace referencia a disfrutar el favor divino de Dios. Bendición no implica solo tener más cosas. Es función de la mayordomía: usar y disfrutar de lo que

tienes. Recuerda que las bendiciones no son necesariamente cosas materiales.
Si estás sirviendo a Dios y lo valoras por sobre todas
las cosas, no necesitas preocuparte por nada: Dios cuidará de ti.

Señor, bendícenos y guárdanos. Haz resplandecer tu rostro sobre
nosotros. Ten misericordia de nosotros. Alza tu rostro sobre nosotros
y danos tu paz. Bendícenos con descanso, satisfacción y gozo. Bendícenos con momentos especiales que podamos pasar juntos sin las
molestias de las exigencias de la vida cotidiana. Bendícenos con una
comunicación que nos edifique y fortalezca. Bendícenos con intereses
mutuos y pasatiempos que podamos disfrutar juntos. Bendícenos en
nuestras expresiones de amor, en nuestra intimidad física y en nuestro
compromiso mutuo. Bendícenos abundantemente con placer, propósito y sentido en la vida.

Bendícenos con tu presencia. Bendícenos con seguridad financiera.
Bendícenos de tal manera que seamos una bendición para otros. Bendícenos con esperanza y confianza arraigadas en ti. Bendícenos con
una capacidad de asombro por la vida, tal como cuando éramos niños.
Bendícenos con la capacidad de ver las cosas por las cuales deberíamos
estar agradecidos en vez de fijarnos en las cosas de las cuales nos que-
jamos. Bendícenos con buena salud, energía y fortaleza para la vida.
Bendícenos, oh Señor; y bendice nuestro matrimonio con paz. En el
nombre de Cristo. Amén.

El escudo de la fe

Y a Aquel que es poderoso para hacer todas las cosas mucho más abun-
dantemente de lo que pedimos o entendemos, según el poder que actúa
en nosotros, a él sea gloria en la iglesia en Cristo Jesús por todas las eda-
des, por los siglos de los siglos. Amén.

Efesios 3:20-21

En Mateo 13:58 leemos que «no hizo allí muchos milagros, a causa de la incredulidad de ellos». Sin fe, las bendiciones que Dios tiene para ti en el reino invisible nunca serán tuyas en el reino visible. La fe debe ser un estilo de vida. No demuestras tener fe por lo que dices, sino por lo que haces. La fe aparece en tus pasos, no solo en tus sentimientos. Por eso Pablo nos instruyó a caminar por fe, no a hablar por fe. La fe es acción.

Amado Dios, corrige en nosotros todo lo que necesitamos cambiar: las acciones que muestran falta de fe. Queremos agradarte, Señor, ayúdanos a vivir nuestra fe en su totalidad. Tus bendiciones son la vida misma, así que ayúdanos a confiar que nos bendecirás, protegidos por la fe contra los dardos del enemigo que trata de robarnos la confianza, el amor y el gozo. Ayúdanos a estar llenos de fe. Nos has unido en este matrimonio, de modo que tienes un propósito que cumplir en nosotros y nos bendecirás en él. En el nombre de Cristo. Amén.

El yelmo de la salvación

Bendito sea el Dios y Padre de nuestro Señor Jesucristo, que nos bendijo con toda bendición espiritual en los lugares celestiales en Cristo.

Efesios 1:3

Dios honra a los que le honran, y Dios quiere que esperes ser bendecido. Si eres cristiano, ya has sido bendecido con todas las bendiciones espirituales en los lugares celestiales. Si Dios puede confiar que serás generoso con los tesoros terrenales que te ha dado, tendrá todas las razones para darte más.

Dar es la forma de recibir. La mayoría de los cristianos hace al revés. Dicen: «Señor, dame, y luego te daré». Sin

> embargo, aquí hay una diferencia fundamental entre nosotros y Dios: nosotros podemos confiar en Dios, pero Él no puede confiar en nosotros. Muchas veces Él nos da, y nosotros nunca le devolvemos nada.
> Cuando primero honramos a Dios, Él promete respondernos.

Señor, espero que me bendigas. Por el sacrificio de Jesucristo, ya me has bendecido con toda bendición espiritual en los lugares celestiales. Mis bendiciones ya están determinadas y creadas, e incluyen todo. Reclamo mis bendiciones para mi matrimonio. Reclamo las bendiciones de mi cónyuge en el nombre de Jesús. Espero recibir estas bendiciones todos los días. Espero esto gracias a tu Palabra, que es verdad.

Eres bendito, mi Dios, y tu carácter es bendecir. Te ofrezco mi corazón y te pido que me concedas tu misericordia y lo llenes de bendiciones para mi matrimonio. Haznos sonreír por tus bendiciones. Te alabo por adelantado. En el nombre de Cristo. Amén.

La espada del Espíritu

Sino acuérdate de Jehová tu Dios, porque él te da el poder para hacer las riquezas, a fin de confirmar su pacto que juró a tus padres, como en este día.

DEUTERONOMIO 8:18

> Según Deuteronomio 8:18, Dios da a su pueblo el poder de prosperar mediante bendiciones económicas y espirituales. Dios no está en contra de la prosperidad, sino en contra de malgastarla o dejar que gobierne nuestra vida. Él quiere que usemos lo que tenemos para su gloria y sus propósitos. Sin embargo, la pregunta es: ¿puede confiar

en nosotros para darnos más? ¿Lo estamos honrando con lo que tenemos en este momento?

Lo que hagas con lo que tienes ahora influirá en el nivel de tu bendición.

Señor, gracias por el poder que nos has dado para prosperar y generar riquezas. Gracias por las habilidades, los talentos y los intereses que has puesto en nuestra vida. Gracias por la confirmación de tu amor que nos llega mediante tus abundantes bendiciones. Cuando Satanás intenta engañarnos para que creamos que tú estás en contra de la prosperidad y las riquezas, le recuerdo, en el nombre de Jesús, Deuteronomio 8:18. Hago memoria de ti, porque tú eres nuestro Señor y nuestro Dios.

Humildemente someto mi matrimonio a ti en alegre expectativa por la gran cantidad de bendiciones, tanto tangibles como intangibles, que no escatimas en darnos.

Muéstranos cómo utilizar mejor las bendiciones que nos has dado para ayudar a ministrar a otros y bendecirlos también. Muéstranos cómo usar mejor la influencia que nos has dado para llevar a las personas a ti. Mejora nuestra capacidad, aumenta nuestro deseo, fortalece nuestra motivación y faculta nuestro trabajo, realizado en tu nombre, para lograr los resultados que tú deseas. Y bendice nuestra relación con respeto mutuo, honor y deleite mientras disfrutamos de tus bendiciones. En el nombre de Cristo. Amén.

14

PROTECCIÓN

El cinturón de la verdad

Sabemos que todo aquel que ha nacido de Dios, no practica el pecado, pues Aquel que fue engendrado por Dios le guarda, y el maligno no le toca.

1 JUAN 5:18

> Nada se puede comparar al poder de Dios en nuestra vida. El mismo poder concedido a Jesús —el poder de sanar, consolar, liberar de la esclavitud y restaurar— vive dentro de ti y de mí. Las multitudes que seguían a Cristo quedaban asombradas, porque nunca habían visto algo como los milagros hechos por Jesús.
>
> Dondequiera que Jesús iba, la gente sabía quién era. Incluso los demonios lo conocían y temblaban.

Amado Señor, tú eres el máximo guardador de todas las cosas. Satanás intenta engañarnos mediante el temor y las situaciones que causan duda, pero todas las cosas están bajo tu autoridad en el nombre de Jesucristo. Declaro esta verdad sobre nuestro matrimonio, nuestra salud, nuestra seguridad, nuestros corazones... sobre todo. Ve antes y detrás de nosotros para cuidar nuestros caminos y enderezar nuestros pasos. Perdóname, Padre, cuando me preocupo por las circunstancias en lugar de poner mi fe en ti y en la verdad de tu autoridad y tu gobierno.

Protege nuestro matrimonio. Protégenos a ambos de lo que comemos, lo que vemos, los lugares que frecuentamos y los medios de transporte que usamos. Guárdanos al salir y al entrar. Guarda nuestro corazón de la preocupación, el temor y la ansiedad también. Coloca a tus ángeles como guardianes en las cuatro esquinas de nuestra casa y nuestra propiedad. Y danos la capacidad de liberarnos mutuamente en los deberes y las actividades a las que nos ha llamado a cada uno a realizar. Ayúdanos a no permitir que Satanás use el temor y la duda para impedirnos vivir al máximo tu propósito para nuestra vida. En el nombre de Cristo. Amén.

La coraza de justicia

El que habita al abrigo del Altísimo
Morará bajo la sombra del Omnipotente.
Diré yo a Jehová: Esperanza mía, y castillo mío;
Mi Dios, en quien confiaré.

SALMOS 91:1-2

Si un pescador arrojara un anzuelo sin ninguna carnada al agua, tendría que esperar mucho para que algo lo muerda. De hecho, es dudoso que algo pueda llegar a morderlo. En cambio, lo que el pescador hace es poner un gusano en el anzuelo para engañar al pez y hacerle creer que le espera una sabrosa comida.

Satanás tampoco nos arroja el anzuelo sin carnada. No pone un anuncio en la taberna local que diga: «Ven aquí y emborráchate, hazte adicto a las drogas o al alcohol, pierde a tu familia, conduce a tus hijos al alcoholismo y echa a perder tu futuro». Más bien, lo que Satanás hace se parece a la técnica del «pie en la puerta». Esta era una técnica común para los vendedores ambulantes. Ellos sabían que si conseguían que sus clientes potenciales les permitieran poner un pie dentro de la puerta y hablar sobre algo no relacionado con la venta, lo más probable es que también hicieran la venta. A tal efecto, desviaban la atención del cliente potencial hacia otra cosa.

Satanás trata de hacer que los creyentes lo dejen entrar a sus vidas de la misma manera, poco a poco. Primero, es solo un pie en la puerta, tal vez una película que no deberías haber visto, una conversación que no debiste haber tenido o una relación que no debería haber sido encauzada de esa manera. Al principio, parece inofensivo, pero, a medida que Satanás se abre paso, es más fácil llegar al siguiente nivel y comprar lo que te está vendiendo.

Padre, danos sabiduría y perspicacia para que mi cónyuge y yo podamos reconocer las estrategias y los planes de Satanás antes que se arraiguen en nuestra vida. Satanás es un engañador, y tú dices en tu Palabra que nuestro corazón es engañoso por sobre todas las cosas. En función de esas dos cosas, es evidente que necesitamos que tu Espíritu nos conceda discernimiento en todo momento.

Guárdanos de las trampas del enemigo. Ayúdanos a hablar con amor cuando uno de nosotros ve que el otro está siendo atraído a una trampa o pecado potencial. Ayúdanos a no ofendernos cuando nos amonestamos el uno al otro. Por el contrario, ayúdanos a ambos a tener oídos para escuchar. Debemos humillarnos delante de ti para vivir rectamente. En el nombre de Cristo. Amén.

El calzado de la paz

Y la paz de Dios gobierne en vuestros corazones, a la que asimismo fuisteis llamados en un solo cuerpo; y sed agradecidos.

COLOSENSES 3:15

Desearía poder decirte que cuando sigues a Jesús, nunca tendrás que enfrentar tormentas. Desearía poder decirte que cuando sigues a Jesús, las aguas de la vida siempre estarán tranquilas. Desearía poder decirte que cuando sigues a Jesús, la vida será color de rosa y todos los días en tu vida de casados serán dulces. Pero no puedo. Los discípulos de Jesús estaban siendo obedientes cuando tuvieron que enfrentar un mar agitado. Los discípulos descubrieron, como muchos de nosotros también lo hemos descubierto, que puedes estar en el centro de la voluntad de Dios y aun así tener que enfrentar una tormenta.

Algunos predicadores y autores cristianos te dirán que si sigues a Jesús, nunca tendrás que enfrentar ninguna dificultad en tu vida o en tu matrimonio. Que yo sepa, eso no fue así en la vida de Jesús o de cualquiera de sus seguidores. Cuando seguimos a Jesús, no somos inmunes a los problemas, pero podemos experimentar su presencia y su paz en medio del problema.

La vida está llena de problemas sin importar si sigues a Jesús. La pregunta es: ¿quieres la paz de Dios en medio de tus problemas o prefieres enfrentar las dificultades solo?

Señor, la vida está llena de problemas. A todos les sucede lo mismo. No somos la única pareja casada que experimenta problemas y dificultades. Sin embargo, cómo respondemos a los problemas y las dificultades depende de nosotros. Tu Palabra me exhorta a dejar que la paz de Cristo gobierne en mi corazón y que esté agradecido.

Cuando no permito que la paz gobierne en mi vida o en nuestro matrimonio, una de las primeras cosas que pierdo es la gratitud. Es difícil sentir y expresar gratitud en medio de la preocupación, la ansiedad o el temor. Entonces, Padre, me arrepiento de no permitir que la paz gobierne en mi corazón y en mi matrimonio. Me arrepiento de no permitir que la gratitud cumpla su propósito sustancial en mi vida y en mis relaciones.

Te pido que la paz gobierne en mi corazón y en mi hogar. Llena mi vida y la vida de mi cónyuge de gratitud hasta desbordar. Conviértenos en una pareja mutuamente agradecida que busquemos cosas por las cuales estar agradecidos el uno por el otro y por nuestro matrimonio. Tenemos mucho que agradecerte, Padre. Gracias por recordarme esto y por la dádiva de tu paz, la cual me has llamado a recibir a manos llenas. En el nombre de Cristo. Amén.

El escudo de la fe

Con sus plumas te cubrirá,
Y debajo de sus alas estarás seguro;
Escudo y adarga es su verdad.

SALMOS 91:4

> Siempre es mejor poner nuestra fe y confianza en Dios. No importa cuál sea la situación, no podemos perder cuando el foco de nuestro corazón está puesto en Jesús.

Amado Dios, la fe es una de las mejores armas que podemos usar en la guerra espiritual para vencer las emociones del miedo, la ansiedad y el temor. Tomo el escudo de la fe y confío que mi cónyuge y yo estamos cubiertos por tus plumas. Debajo de tus alas estamos seguros. Pongo mi confianza en tu verdad, porque es escudo y adarga. Tú velas por nosotros incluso cuando yo no sé hacerlo. Has protegido nuestro matrimonio mucho más de lo que nos imaginamos. Gracias por tu protección, refugio y cobertura continuos para que mi cónyuge y yo podamos maximizar todo lo que has destinado para nosotros, tanto en nuestra vida individual o como pareja. Con fe decido descansar en paz en vez de caer en la preocupación. Por fe declaro que estoy seguro y que tú proteges mi matrimonio. En el nombre de Cristo. Amén.

El yelmo de la salvación

Ciertamente con tus ojos mirarás
Y verás la recompensa de los impíos.
Porque has puesto a Jehová, que es mi esperanza,
Al Altísimo por tu habitación.

SALMOS 91:8-9

Si te sientes oprimido o atormentado por el enemigo, acude al Señor. Pídele que alumbre con su luz tu situación y te aconseje mediante su Palabra. Nada puede compararse a la sabiduría y el poder de Jesucristo. El mundo y el enemigo de nuestras almas pueden tratar de imitar el poder omnipotente de Cristo, pero no pueden acercarse en lo más mínimo. Todas las cosas en el cielo y en la tierra están bajo su autoridad.

Señor, tú eres el protector de nuestro matrimonio. Lo que Dios ha unido, nada puede separarlo. Ni siquiera nosotros, Señor, cuando nos colocamos bajo tu cuidado. Te pido que nos protejas, nos selles y nos hagas uno. Danos un corazón de entrega, pasión y compromiso mutuo. Muéstranos cómo proteger nuestros ojos, oídos y corazón para poder dar lo mejor de nosotros mismos. Guárdanos de la tentación y líbranos del mal, porque tuyo es el reino, el poder y la gloria para siempre. En el nombre de Cristo. Amén.

La espada del Espíritu

El ladrón no viene sino para hurtar y matar y destruir; yo he venido
para que tengan vida, y para que la tengan en abundancia.

JUAN 10:10

El radar Doppler hace visible los patrones climáticos, lo que permite a los meteorólogos ver algo que es invisible a los ojos. El radar Doppler proporciona una medida de seguridad, especialmente en los aeropuertos, donde las ráfagas de viento causan ciertos despegues o aterrizajes bastante bruscos.

En el reino espiritual, estamos limitados por nuestra perspectiva. No podemos ver lo que sucede en ese reino a menos que creamos en Dios, que no está limitado por los cinco sentidos.

Si todo lo que ves sobre tu vida y las circunstancias que te rodean es lo que puedes ver y discernir, te estás perdiendo la parte más importante: lo que está sucediendo detrás de escena en el reino espiritual.

Señor, reprendo al espíritu de cansancio y al espíritu de apatía para poder pelear las batallas espirituales por la victoria en mi matrimonio. En cambio, tomo la espada del Espíritu, que es la Palabra de Dios, y confieso tu Palabra de que Jesús vino para que tengamos vida y para que la tengamos en abundancia.

Reprendo el temor en el nombre de Jesús. Reprendo la preocupación en el nombre de Jesús. Recibo paz, calma y seguridad según tu santa Palabra. Que mi matrimonio tenga la comprensión y la conciencia de tu protección permanente, y que seamos resilientes en nuestro espíritu para resistir las artimañas del enemigo contra nuestra vida día tras día.

El perfecto amor echa fuera el temor. Tu amor por nosotros y sobre nosotros es perfecto. Mediante el poder de este amor, echo fuera el temor de nuestro corazón y de nuestro hogar y recibo paz y gratitud. En el nombre de Cristo. Amén.

15

EL ESPÍRITU SANTO

El cinturón de la verdad

Pero cuando venga el Espíritu de verdad, él os guiará a toda la verdad; porque no hablará por su propia cuenta, sino que hablará todo lo que oyere, y os hará saber las cosas que habrán de venir.

JUAN 16:13

Sabemos que Dios quiere que los cristianos crezcan. El crecimiento espiritual tiene lugar en nuestro interior. Viene del Espíritu Santo, cuya obra es hacer que fluyan ríos de agua viva. Sin embargo, la mayoría de los cristianos tiene una mentalidad de «hazlo tú mismo» y piensa que el crecimiento deseado depende de sí mismo. Pero si pudiéramos hacerlo nosotros mismos, no necesitaríamos al Espíritu Santo. La premisa de la obra del Espíritu Santo es que no podemos hacerlo nosotros mismos. Así como el aire produce que el claxon haga un sonido o el viento produce que un velero se mueva, el Espíritu Santo hace que la vida espiritual funcione.

Amado Señor, ser sensible a la guía del Espíritu Santo y a las palabras que Él habla a nuestra vida no suele ser fácil. No porque no lo deseemos, sino porque nos vemos atrapados en medio de las exigencias diarias de la vida que nos distraen de nuestro diálogo contigo. No obstante, tu Espíritu Santo nos guía a toda la verdad. Tu Espíritu Santo nos habla lo que quieres que oigamos.

Señor, aumenta mi intimidad con tu Espíritu para que pueda discernir su voz fácilmente. Haz lo mismo con mi cónyuge también. Nuestro matrimonio prosperará cuando vivamos conforme a tu verdad. Escucharte regularmente mediante tu Espíritu es necesario para tomar decisiones sabias y no tomar caminos que no nos llevan a ninguna parte. Ayúdanos a oír la voz de tu Espíritu, Señor. En el nombre de Cristo. Amén.

La coraza de justicia

Huid de la fornicación. Cualquier otro pecado que el hombre cometa, está fuera del cuerpo; mas el que fornica, contra su propio cuerpo peca. ¿O ignoráis que vuestro cuerpo es templo del Espíritu Santo, el cual está en vosotros, el cual tenéis de Dios, y que no sois vuestros? Porque habéis sido comprados por precio; glorificad, pues, a Dios en vuestro cuerpo y en vuestro espíritu, los cuales son de Dios.

1 Corintios 6:18-20

El mismo Espíritu de Dios habita en nuestra vida si hemos aceptado a Jesucristo como nuestro Salvador. Dios quiere expresar su mente, sus pensamientos, sus deseos y su voluntad mediante nuestro cuerpo mortal. Sin embargo, para que eso suceda, debemos rendirnos al control del Espíritu Santo. Hasta que eso suceda, experimentaremos un conflicto interno. Dios dice que la carne y el Espíritu se oponen; que no se llevan bien el uno con el otro.

¿Cómo conocemos la diferencia entre la carne y el Espíritu Santo que mora en nosotros? El Espíritu querrá agradar a Dios y la carne querrá complacernos a nosotros mismos. Cuando nos sometemos a la presencia del Espíritu en nuestra vida, meditamos en la Palabra de Dios y ofrecemos alabanza y adoración a pesar de lo que sentimos o experimentamos, el Espíritu triunfa sobre nuestra carne y ejerce influencia sobre nuestras acciones.

Padre, nuestro matrimonio necesita tu guía y tu fortaleza continuas. Hay una guerra entre nuestra carne y el Espíritu que has puesto en nosotros. Sin embargo, has obtenido la victoria por medio de Jesucristo. Ayúdame a ser sensible a la guía de tu Espíritu, pues sé que he sido comprado por un precio y que mi cuerpo te pertenece; por eso debo glorificarte con mi cuerpo y mis decisiones.

Te he entregado mi vida, Señor, y te he pedido que me recuerdes que soy tuyo; que mi vida no me pertenece. Mi vida existe para darte la gloria y para hacer el bien a otros. Dame tu poder para obtener la victoria en mi propia vida de tal modo que mi cónyuge sea ministrado por el reflejo de tu integridad en mí. En el nombre de Cristo. Amén.

El calzado de la paz

Mas el fruto del Espíritu es amor, gozo, paz, paciencia, benignidad, bondad, fe, mansedumbre, templanza; contra tales cosas no hay ley.

GÁLATAS 5:22-23

Todos vivimos en la carne, de modo que lucharemos con los deseos de la carne hasta que lleguemos al cielo. Sin embargo, podemos someter estos deseos a la influencia del Espíritu Santo. «Andad en el Espíritu, y no satisfagáis los deseos de la carne» (Gálatas 5:16). Observa que el apóstol Pablo no dice que no *tendremos* deseos de la carne al andar en el Espíritu, sino que no debemos *satisfacer* esos deseos carnales. Andar en el Espíritu es similar a ser lleno del Espíritu Santo.

Andar implica que el Espíritu va a algún lugar, hay un *destino*. Él siempre va al mismo sitio, a todo lo que da gloria a Dios y en gran medida, lo que hace que Dios reciba la gloria es lo que llamamos el fruto del Espíritu. Cuando este fruto se manifiesta en nuestra vida, Dios recibe la gloria. Por el contrario, la carne siempre se está moviendo hacia lo que es de su propio agrado. Andar es un proceso continuo. Al igual que la llenura del Espíritu Santo, nuestro andar en el Espíritu es continuo, por lo tanto, debemos mantener nuestra *dedicación*. Caminar es dar un paso tras otro continuamente.

Señor, el fruto de la presencia de tu Espíritu dentro de mí es amor, gozo, paz, paciencia, benignidad, bondad, fe, mansedumbre y templanza. Todas estas cualidades son esenciales para un matrimonio saludable y próspero. Son el resultado de la decisión de andar en el Espíritu, lo que también significa ser lleno de tu Espíritu. Padre, quiero tener tal influencia de tu Espíritu Santo en mi vida, que mi cónyuge se convierta en el receptor de todas estas cualidades de carácter que tu Espíritu produce en mí.

Te pido también que le des a mi cónyuge el deseo y la disciplina de buscar ser lleno de tu Espíritu. Ayúdanos a ambos a tomarnos el tiempo para cultivar una relación continua con tu Espíritu. Muéstranos la manera de desarrollar nuestra sensibilidad a tu presencia. A evitar las distracciones que pueden ser divertidas o incluso positivas, pero que nos alejan de tu propósito para nuestro matrimonio. Ayúdanos a decir no a las cosas que compiten con nuestro andar en el Espíritu y con nuestra inversión en nuestro matrimonio. Danos sabiduría para discernir qué proviene de ti y qué procede de nuestra carne para que podamos ser verdaderamente llenos de tu Espíritu y darte la gloria. En el nombre de Cristo. Amén.

El escudo de la fe

La esperanza no avergüenza; porque el amor de Dios ha sido derra-
mado en nuestros corazones por el Espíritu Santo que nos fue dado.

ROMANOS 5:5

El Espíritu Santo es el facilitador divino que produce crecimiento en nosotros. Cada vez que intentamos crecer sin depender de Dios y ejercer nuestra fe en Él, trabajamos en contra de Dios. Muchos de nosotros pasamos gran parte de nuestro tiempo excluyendo a Dios. Estamos tratando de producir fruto por nuestra propia cuenta. Sin embargo, cuando permanecemos en Jesucristo y el poder del Espíritu Santo es la influencia dominante en nuestra vida, el fruto del Espíritu se desarrolla de manera natural.

Amado Dios, gracias por el amor derramado en nuestros corazones por el Espíritu Santo. Este amor sirve como ímpetu para aumentar nuestra fe y una esperanza sostenida. Te pido que abras aún más nuestros corazones como pareja para permitir que el amor omnipresente y perfecto del Espíritu Santo se haga real en nosotros, no solo en nuestra relación conyugal sino también en nuestra propia vida. Demuestra en nosotros, individualmente y como pareja, la belleza de un amor arraigado en ti.

Gracias por la confianza, basada en tu Palabra, esa esperanza puesta en ti no decepciona. Esta es una esperanza a la que puedo aferrarme cuando las cosas se ven caóticas en nuestra relación o en nuestro mundo. Permite que mi mente permanezca fija en ti y en la esperanza de tu vocación para que mis palabras y mis acciones reflejen una vida con una relación profunda con tu Espíritu. Dale a mi cónyuge una mayor comprensión y conciencia de la presencia de tu Espíritu en mí, y permite que eso crezca en un mayor aprecio también. Gracias por ser la causa de todas las cosas buenas en nuestra relación, y gracias por el don de tu Espíritu, que nos sostiene en tu amor. En el nombre de Cristo. Amén.

El yelmo de la salvación

En él también vosotros, habiendo oído la palabra de verdad, el evangelio de vuestra salvación, y habiendo creído en él, fuisteis sellados con el Espíritu Santo de la promesa.

EFESIOS 1:13

El Espíritu Santo que mora en nosotros hace la vida real; la vida «cobra vida». Cuando aceptamos a Jesús como nuestro Salvador y Redentor, la vida ya no es una simple teología. La teología en nuestra cabeza se vuelve real en nuestra vida y nos acerca a Dios mediante el Espíritu Santo. Cuando el Espíritu Santo toma el control, comenzamos a crecer. El Espíritu Santo se convierte en la fuente de poder que produce este crecimiento hasta que finalmente se hace visible.

Señor, mediante la obra santificadora de Cristo en la cruz fui sellado con el Espíritu Santo de la promesa. Gracias por este don, que me permite comunicarme contigo y discernir las verdades espirituales. Ayúdanos a permitir cada vez más que el Espíritu Santo sea la fuente de energía de nuestro crecimiento como individuos y como pareja. Permite que la teología que aprendimos y oímos se vuelva real en nuestra vida. Ayúdanos a vivir lo que significa amar, cuidar, exhortar, alentar y bendecirnos uno al otro. Permítenos experimentar el poder de tu propósito que se manifieste en cada uno de nosotros y por medio de nosotros. Acércanos más a ti, Dios, mediante tu Espíritu Santo, y permite que el Espíritu se apodere de nuestros pensamientos, nuestras decisiones y nuestros deseos. Anhelamos tu presencia y queremos conocerte más. Satisface este deseo con tu presencia, tu poder y tu amor puro. En el nombre de Cristo. Amén.

La espada del Espíritu

Mas el Consolador, el Espíritu Santo, a quien el Padre enviará en mi nombre, él os enseñará todas las cosas, y os recordará todo lo que yo os he dicho.

JUAN 14:26

Podemos estar seguros de que Satanás conoce la Biblia. Él sabe lo que ella dice y también sabe cómo convertirla en medias verdades para que sirva a sus propósitos. Satanás puede sacar fácilmente de contexto una palabra de Dios, tal como lo hizo con Eva.

No es suficiente conocer lo que dice la Biblia; también necesitamos conocer su contexto. Necesitamos entender el principio básico que la Palabra de Dios nunca viola: Dios no se contradice.

La Biblia es tu espada. Un espadachín que no practica siempre será víctima de alguien que empuña mejor la espada. Aprende a manejar tu espada, así sabrás si el enemigo la está sacando de contexto para usarla contra ti. Llena tu corazón de las promesas de Dios y cree en su Palabra.

Señor, Satanás es un engañador... y astuto. El diablo usa tu Palabra en tu contra cuando la saca de contexto. Padre, te ruego que nos des a mi cónyuge y a mí la sabiduría y el acierto para discernir la verdad y descubrir las artimañas de Satanás. Cúbrenos con la sangre protectora de Jesucristo, especialmente cuando leemos tu Palabra para estudiar y aprender. Cuando no estamos de acuerdo con respecto a tu Palabra y lo que significa para nuestra vida, te pido que nos lleves a la unidad y la comprensión mediante el poder de tu Espíritu. Adán y Eva tuvieron dificultades para comprender y vivir tu palabra, Señor, y les costó mucho. Que esto no sea así en mi vida ni en la de mi cónyuge. Que podamos permanecer en tu verdad y ser conscientes de las interpretaciones erróneas de las Escrituras que nos pueden desviar y alejar de una vida conforme a tu voluntad.

Gracias por el Consolador, el Espíritu Santo, que nos enseña todas las cosas. Te pido que el Espíritu Santo me traiga a la memoria todo lo que necesito saber y orar por mi matrimonio. Que la poderosa enseñanza de tu Espíritu en mi vida sea evidente en mi matrimonio. Te doy gracias. En el nombre de Cristo. Amén.

EL DR. TONY EVANS Y
LA ALTERNATIVA URBANA

Acerca del Dr. Tony Evans

El Dr. Tony Evans es fundador y pastor principal de la iglesia Oak Cliff Bible Fellowship de Dallas, Texas, fundador y presidente de la Alternativa Urbana, capellán de los Dallas Mavericks de la NBA y autor de muchos libros, entre ellos: *Tu destino* y *Victoria en la guerra espiritual*. Su programa radial, *La alternativa con el Dr. Tony Evans*, se puede escuchar en más de mil estaciones de radio y en más de cien países.

La Alternativa Urbana

La Alternativa Urbana (TUA, por sus siglas en inglés) capacita, fortalece y une a los cristianos para influenciar a individuos, familias, iglesias y comunidades. TUA promueve una cosmovisión que se basa completamente en la agenda del reino de Dios. Mediante la enseñanza de la verdad, buscamos transformar vidas.

La raíz de los problemas que enfrentamos en nuestra vida personal, nuestro hogar, nuestras iglesias y nuestra sociedad es espiritual. Por lo tanto, la única forma de abordar estos problemas es espiritual. Hemos intentando con las agendas políticas, sociales, económicas y religiosas, pero no han producido una transformación duradera.

Es hora de poner en marcha la agenda del reino: la manifestación visible de la norma integral de Dios en cada ámbito de la vida.

El tema central y unificador de la Biblia es la gloria de Dios mediante el avance de su reino. Este es el hilo conductor desde Génesis hasta Apocalipsis, de principio a fin. Sin ese tema, la Biblia es una colección disociada de historias que inspiran, pero que parecen no estar relacionadas en su propósito y dirección. La Biblia existe para mostrar el mover de Dios en la historia hacia el establecimiento y la expansión de su reino, con énfasis en la interrelación de principio a fin. Esta comprensión aumenta la relevancia de estos escritos antiguos en nuestra vida cotidiana, porque el reino no es solo entonces; sino también ahora.

La ausencia de influencia del reino en nuestras propias vidas, familias, iglesias y comunidades ha derivado en un deterioro catastrófico en nuestro mundo.

- Las personas llevan una vida segmentada y compartimentada porque carecen de la perspectiva del reino de Dios.

- Las familias se desintegran, porque existen para su propia satisfacción y no para el reino.

- Las iglesias tienen una influencia limitada, porque no comprenden que el objetivo de la iglesia no es la iglesia misma, sino el reino.

- Las comunidades no tienen a dónde recurrir para encontrar soluciones reales para personas reales con problemas reales; porque la iglesia se ha dividido, ha crecido para adentro y es incapaz de transformar de manera significativa el panorama cultural.

La agenda del reino nos ofrece una forma de vivir con una esperanza sólida al optimizar las soluciones del cielo. Cuando Dios y su gobierno no son la norma de autoridad final sobre todo, se pierde el orden y la esperanza. Sin embargo, también es cierto que mientras tengamos a Dios, tenemos esperanza. Si Dios todavía está en escena, y su agenda siga en marcha, no todo está perdido.

Si las relaciones fallan, Dios nos sostendrá. Si las finanzas disminuyen, Dios cuidará de nosotros. Si los sueños mueren, Dios nos revivirá.

Mientras Dios y su autoridad guíen nuestra vida, familia, iglesia y comunidad, siempre habrá esperanza.

Nuestro mundo necesita la agenda del Rey. Nuestras iglesias necesitan la agenda del Rey. Nuestras familias necesitan la agenda del Rey.

En muchas ciudades importantes, los conductores pueden tomar una carretera que rodea la ciudad para llegar al otro lado de la misma sin tener que atravesar el centro de la ciudad. Esta carretera los lleva suficientemente cerca de la ciudad de tal manera que ven sus imponentes edificios y el horizonte, pero no al grado de experimentar la ciudad misma.

Esto es precisamente lo que nuestra cultura ha hecho con Dios. Lo hemos puesto en la «carretera que bordea» nuestra vida personal, familiar, la iglesia y la comunidad. Está lo bastante cerca por si lo necesitamos en una emergencia, pero demasiado lejos para ser el centro de nuestra vida misma.

Lamentablemente, a menudo queremos que Dios esté en la «carretera que bordea» nuestra vida, pero no siempre queremos que el Rey de la Biblia llegue al centro de nuestra vida. Dejar a Dios en la «carretera que bordea» trae consecuencias terribles, como lo hemos visto en nuestras propias vidas y en la vida de otros. Sin embargo, cuando hacemos de Dios y su autoridad la pieza central de todo lo que pensamos, hacemos y decimos, lo experimentamos de la manera que Él desea que lo hagamos.

Él quiere que seamos personas del reino con una mente del reino para poder cumplir con los propósitos de su reino. Él quiere que oremos como lo hizo Jesús: «No se haga mi voluntad, sino la tuya». Porque suyo es el reino, el poder y la gloria.

Solo hay un Dios y nosotros no somos Él. Como Rey y Creador, Dios es el que manda. Solo cuando nos colocamos bajo su mano soberana, accederemos a todo su poder y autoridad en nuestras vidas, familias, iglesias y comunidades.

A medida que aprendamos a someternos a la autoridad de Dios, transformaremos la institución de la familia, la iglesia y la sociedad de acuerdo con una visión del mundo basada en la Biblia.

Sometidos a Dios, tocamos el cielo y transformamos la tierra.

Para lograr nuestro objetivo, utilizamos una variedad de estrategias, métodos y recursos para alcanzar y capacitar a tantas personas como sea posible.

Medios de difusión

Millones de personas experimentan *La alternativa con el Dr. Tony Evans*, una transmisión diaria que se difunde en casi mil estaciones de radio y en más de cien países. La transmisión también se puede ver en varias cadenas de televisión, en línea en TonyEvans.org y en la aplicación gratuita Tony Evans. Más de cuatro millones de descargas de mensajes se realizan cada año.

Capacitación de líderes

El Centro de Capacitación Tony Evans (TETC, por sus siglas en inglés) facilita la programación educativa que refleja la filosofía del ministerio del Dr. Tony Evans expresada mediante la agenda del reino. Los cursos de capacitación se centran en el desarrollo del liderazgo y el discipulado en cinco ramas:

- Biblia y teología
- Crecimiento personal
- Familia y relaciones
- Desarrollo del liderazgo y la salud de la iglesia
- Influencia en la sociedad y la comunidad

El programa TETC incluye cursos para estudiantes locales y en línea. Además, este programa incluye cursos para asistentes no estudiantes. Pastores, líderes cristianos y laicos cristianos, tanto locales como a distancia, pueden obtener un Certificado de Agenda del Reino para el desarrollo personal, espiritual y profesional. Algunos cursos califican como créditos para continuar con su educación y se transferirán para créditos universitarios con nuestras escuelas asociadas.

Pastores de la Agenda del Reino (KAP, por sus siglas en inglés) ofrece una red viable para pastores con ideas afines que adoptan la filosofía de la agenda del reino. Los pastores tienen la oportunidad de profundizar con el Dr. Tony Evans, ya que reciben mayor conocimiento bíblico, aplicaciones prácticas y recursos para influenciar a individuos, familias, iglesias y comunidades. *KAP* acepta pastores principales y asociados de todas las iglesias. También ofrece una cumbre que se realiza cada año en Dallas, Texas, con seminarios intensivos, talleres y recursos.

El *Ministerio de Esposas de Pastores*, fundado por la Dra. Lois Evans, ofrece consejo, estímulo y recursos espirituales para las esposas de los pastores que sirven junto a sus maridos en el ministerio. Un objetivo principal del ministerio es la cumbre que se ofrece a las esposas de pastores principales como un lugar seguro para reflexionar, renovarse y descansar, junto con capacitación en el desarrollo personal, el crecimiento espiritual y el cuidado de su bienestar emocional y físico.

Influencia en la comunidad

La *Iniciativa Nacional para la Iglesia: Adopta-una-escuela* (NCAASI, por sus siglas en inglés) capacita a las iglesias de todo el país para tener influencia en las comunidades mediante el uso de las escuelas públicas como vehículos principales para lograr un cambio social positivo en la juventud y las familias urbanas. Líderes de las iglesias, distritos escolares, organizaciones religiosas y otras organizaciones sin fines de lucro reciben los conocimientos y las herramientas para desarrollar alianzas y construir sólidos sistemas de prestación de servicios sociales. Esta capacitación se basa en la estrategia integral de influencia comunitaria dirigida por la iglesia Oak Cliff Bible Fellowship. Esta aborda áreas tales como el desarrollo económico, la educación, la vivienda, la revitalización de la salud, la renovación familiar y la reconciliación racial. Ayudamos a las iglesias a adaptar el modelo para satisfacer las necesidades específicas de sus comunidades, al mismo tiempo que abordamos el marco de referencia espiritual y moral. Las clases de capacitación se llevan a cabo anualmente en el área de Dallas en la iglesia Oak Cliff Bible Fellowship.

Influencia para Atletas (AI, por sus siglas en inglés) es un programa para alcanzar a los atletas por medio del deporte. A menudo los entrenadores son los adultos más influyentes en la vida de los jóvenes, incluso más que los padres. Con el creciente aumento de familias sin un padre en nuestra cultura, más jóvenes recurren a sus entrenadores en busca de orientación, desarrollo del carácter, necesidades prácticas y esperanza. Los atletas (profesionales o aficionados) también tienen influencia en los deportistas y niños más jóvenes. Ante esta realidad, nuestro objetivo es enseñar y capacitar a entrenadores y atletas para que vivan y utilicen la función que Dios les ha dado en beneficio del reino. Nuestro objetivo es hacerlo mediante nuestra aplicación iCoach, weCoach Football Conference y otros recursos, como *The Playbook: A Life Strategy Guide for Athletes* [Una guía de estrategia de vida para atletas].

Desarrollo de recursos

Estamos fomentando alianzas de aprendizaje permanente con las personas a quienes servimos mediante una variedad de materiales publicados. El Dr. Evans ha publicado más de cien títulos únicos (folletos, libros y estudios bíblicos) basados en más de cuarenta años de predicaciones. El objetivo es fortalecer a las personas en su vida cristiana y servir a otros.

Para obtener más información y un ejemplar complementario del boletín devocional del Dr. Evans,

llama al:
(800) 800-3222

o escribe a:
TUA
PO Box 4000
Dallas, TX 75208

o visita nuestro sitio en la Internet:
www.TonyEvans.org